HANDBOOK
OLD CHURCH SL

PART II
TEXTS AND GLOSSARY

LONDON EAST EUROPEAN SERIES

(LANGUAGE AND LITERATURE)

Under the auspices of the Department of Language and Literature
School of Slavonic and East European Studies
University of London

GROUP I. DESCRIPTIVE GRAMMARS

Handbook of Old Church Slavonic, Parts I and II

I. *Old Church Slavonic Grammar*, by G. NANDRIŞ

II. *Texts and Glossary*, by R. AUTY

GROUP II. HISTORICAL GRAMMARS

W. K. MATTHEWS. *Russian Historical Grammar*

S. E. MANN. *Czech Historical Grammar*

GROUP III. READINGS IN LITERATURE

J. PETERKIEWICZ. *Polish Prose and Verse*

E. D. TAPPE. *Rumanian Prose and Verse*

V. PINTO. *Bulgarian Prose and Verse*

G. F. CUSHING. *Hungarian Prose and Verse*

VERA JAVAREK. *Serbo-Croatian Prose and Verse*

Handbook of Old Church Slavonic

PART II

Texts and Glossary

BY

R. AUTY

Professor of
Comparative Slavonic Philology
in the University of Oxford
and Fellow of Brasenose College

UNIVERSITY OF LONDON

SCHOOL OF SLAVONIC
AND EAST EUROPEAN STUDIES

THE ATHLONE PRESS

Published by
THE ATHLONE PRESS
UNIVERSITY OF LONDON
at 4 Gower Street, London, WC 1
Distributed by Tiptree Book Services Ltd
Tiptree, Essex

U.S.A. and Canada
Humanities Press Inc
New Jersey

First Edition, 1960
Reprinted with corrections, 1965, 1968
First Paperback Edition, 1977

ISBN 0 485 17518 5

Printed in Great Britain
at the University Press, Oxford
by Vivian Ridler
Printer to the University

PREFACE

MOST of the extracts in this volume have hitherto been available to students in this country only in works published on the Continent, many of which are now out of print; no collection of Old Church Slavonic texts has ever been published in England.

My main purpose, therefore, has been to provide a selection of representative texts, with an introduction and a glossary, for the use of students. The texts are reproduced from standard critical editions; and at the head of each extract the reader will find a summary of the main facts known about the manuscript from which it is taken—date, provenance, content, and language. He will also find a reference to the authoritative editions of the text, to which sooner or later he may wish to turn.

The manner in which the volume has been printed requires some explanation. Hand-composition of Glagolitic and Old Cyrillic types is extremely costly, and it was therefore decided to photograph the extracts directly from the best available editions, to hand-set only the Glossary, and to print the whole by offset-lithography. There is therefore a noticeable variation in type style and size; but it seemed better to sacrifice something in this respect in order to keep the book down to a price which the student could more easily afford. A list of the editions from which pages were photographed is given in Section I of the Bibliography; I am grateful to the editors and publishers of certain of these works for permission to use their material. I am also particularly grateful to Professor G. Nandris for helpful suggestions and to Mr. J. S. G. Simmons for his work in assembling the texts for the press.

R. A.

Selwyn College
Cambridge
January 1959

NOTE TO THE REVISED IMPRESSION

I AM grateful to those reviewers who have pointed out errors and suggested improvements, in particular to Professor Josip Hamm and Dr F. V. Mareš. I am also much obliged to Professor F. J. Oinas for pointing out a number of slips and omissions in the glossary. In the present photo-lithographic reprint it has been possible to make only the most essential corrections and to add to the bibliography the titles of a few works of the first importance published in the last few years.

R. A.

London
March 1965

NOTE TO THE THIRD IMPRESSION

APART from a small number of corrections and bibliographical additions the text remains unchanged.

R. A.

Brasenose College
Oxford
July 1968

CONTENTS

FACSIMILE PLATES

SELECT BIBLIOGRAPHY

I. WORKS USED IN THE PREPARATION OF THE TEXTS

IVANOV, J. *Български старини изъ Македония.* 2nd edition, Sofia, 1931.

JAGIĆ, V. *Quattuor evangeliorum codex glagoliticus olim Zographensis nunc Petropolitanus.* Berlin, 1879.

—— *Quattuor evangeliorum versionis palaeoslovenicae codex Marianus glagoliticus.* Berlin and St Petersburg, 1883.

NAHTIGAL, R. *Euchologium sinaiticum. Starocerkvenoslovanski glagolski spomenik.* Ljubljana, 2 vols., 1941–2.

ŠČEPKIN, V. *Саввина книга.* St Petersburg, 1903.

SEVER'JANOV, S. *Супрасльская рукопись.* St. Petersburg, 1904.

—— *Синайская псалтырь.* Petrograd, 1922.

VONDRÁK, V. *Církevněslovanská chrestomatie.* Brno, 1923.

VOSTOKOV, A. *Остромирово Евангелiе 1056–1057 г.* St Petersburg, 1843.

WEINGART, M., AND KURZ, J. *Texty ke studiu jazyka a písemnictví staroslověnského.* 2nd edition, Prague, 1949.

II. THE LIFE AND WORK OF SS. CYRIL AND METHODIUS

(*a*) *Original sources*

LAVROV, P. A. *Материалы по истории возникновения древнейшей славянской письменности.* Leningrad, 1930. Photomechanic reprint, The Hague, 1966.

PASTRNEK, F. *Dějiny slovanských apostolů Cyrila a Metoda.* Prague, 1902.

ŠACHMATOV, A. A., AND LAVROV, P. A. *Сборник xii вѣка московскаго Успенскаго собора.* Photomechanischer Nachdruck mit einer Einführung von Dmitri Čiževskij (= *Apophoreta Slavica* I, ed. D. Čiževskij and C. H. van Schooneveld, The Hague, 1957). (Contains the *Vita Methodii.*)

TEODOROV-BALAN, A. *Кирилъ и Методи.* 2 vols., Sofia, 1920, 1934.

WEINGART, M., AND KURZ, J., op. cit., contains the *Vita Methodii* and parts of the *Vita Constantini.*

(*b*) *Translations of the Vitae*

French

DVORNÍK, F. *Les Légendes de Constantin et de Méthode vues de Byzance.* Prague, 1933 (pp. 349–80).

German

BUJNOCH, J. *Zwischen Rom und Byzanz*. Graz–Vienna–Cologne, 1958.

Latin

GRIVEC, F. AND TOMŠIČ, F. *Constantinus et Methodius Thessalonicenses. Fontes* (= *Radovi Staroslavenskog instituta* 4). Zagreb, 1960.

Czech

VAŠICA, J. 'Život sv. Konstantina Cyrila' and 'Život sv. Metoděje' in *Literární památky epochy velkomoravské*, Prague, 1966.

Polish

LEHR-SPŁAWIŃSKI, T. *Zywoty Konstantyna i Metodego* (*obszerne*). Poznań, 1959.

Slovak

STANISLAV, J. *Životy slovanských apoštolov Cyrila a Metoda v legendách a listoch*. Turčiansky Sv. Martin, 1950.

Slovene

GRIVEC, F. *Žitja Kcnstantina in Metodija*. Ljubljana, 1951.

(*c*) *Studies*

DVORNÍK, F. *Les Slaves, Byzance et Rome au IX*[e] *siècle*. Paris, 1926.

—— *Les Légendes de Constantin et de Méthode vues de Byzance*. Prague, 1933.

—— *The Slavs. Their Early History and Civilization*. Boston (Mass.), 1956 (especially chapters iv and vii; cf. also the bibliographies to these chapters).

GRIVEC, F. *Konstantin und Method, Lehrer der Slaven*. Wiesbaden, 1960 (the best general study of the life and work of SS. Cyril and Methodius).

KISELKOV, V. S. *Славянските просветители Кирил и Методий*. Sofia, 1946.

LAVROV, P. A. *Кирило та Методій в давньо-слованському письменстві*. Kiev, 1928.

RUNCIMAN, S. 'Byzantium and the Slavs' (in *Byzantium. An Introduction to East Roman Civilization*, Oxford, 1948).

VAJS, J. (ed.), DOBROVSKÝ, J. *Cyrill und Method, der Slaven Apostel* (= *Spisy a projevy Josefa Dobrovského*, xii, Prague, 1948).

III. THE ORIGIN OF THE OLD CHURCH SLAVONIC LANGUAGE AND ITS ALPHABETS

GEORGIEV, E. *Славянская письменность до Кирилла и Мефодия*. Sofia, 1952.

JAGIĆ, V. *Entstehungsgeschichte der kirchenslavischen Sprache*. 2nd edition, Berlin, 1913.

—— 'Глаголическое письмо' (in *Энциклопедия славянской филологии.* Выпуск 3. *Графика у славян*, St Petersburg, 1911).

KARSKIJ, J. Славянская кирилловская палеография. Leningrad, 1928.

TRUBETZKOY, N. S. *Altkirchenslavische Grammatik. Schrift-, Laut- und Formensystem.* Vienna, 1954 (especially pp. 13–59).

VAJS, J. *Rukovět' hlaholské paleografie.* Prague, 1932.

INTRODUCTION

§ **1.** Old Church Slavonic is the name now generally used in English for the language in which the earliest known Slavonic written texts were composed in the ninth century. It was a literary language, based primarily on a Macedonian Slavonic dialect but not identical in all its features with the speech of any single area (see § 8). Other designations of the language that are still in use are Old Bulgarian and Old Slavonic (Fr *vieux slave*, R. *старославянский язык*, SCr *staroslavenski jezik*, Cz *staroslověnský jazyk*). Both these terms have misleading implications: 'Old Bulgarian' (even if the term be held to include the medieval dialects of Macedonia) has too specific a national and geographical connotation; and 'Old Slavonic', on the other hand, is too general and might tend to perpetuate, at least subconsciously, the romantic illusion that this language was in some sense the common ancestor of all the Slavonic languages. The writers of Old Church Slavonic used the term *językŭ slověnĭskyjĭ*, which has been revived in Czech (*v. supra*) where it can conveniently be opposed to the normal word for 'Slavonic', *slovanský*. The term Old Church Slavonic, cumbersome as it is, may thus best be retained in English.

§ **2.** The establishment of the language was in all essentials the work of two men, the Apostles of the Slavs as they have come to be called—St. Cyril (Constantine) and St. Methodius. The story of their life and work has come down to us most fully in the Church Slavonic Lives of the two Saints, *Vita Constantini* and *Vita Methodii*,[1] the broad historical reliability of which has now been accepted, thanks largely to the researches of F. Dvorník.[2] From these sources we learn how in 863 Prince Rastislav of Great

[1] The *Vitae* have been edited by P. A. Lavrov, *Материалы по истории возникновения древнейшей славянской письменности*, Leningrad, 1930, and by F. Pastrnek, *Dějiny slovanských apostolů Cyrila a Metoda*, Prague, 1902. Lavrov's text of the *Vita Methodii* and of the chapters of the *Vita Constantini* that are of most interest for Slavists is also available in the OCS chrestomathy of Weingart and Kurz (see Select Bibliography, p. ix).

[2] F. Dvorník, *Les Légendes de Constantin et de Méthode vues de Byzance*, Prague, 1933.

Moravia sent an embassy to the East Roman Emperor Michael III in Byzantium, asking that a 'bishop and teacher' might be sent to Moravia to preach the Christian faith to the newly converted Slavs of that country in their own language. For this task the Emperor immediately selected Constantine, a Greek from Salonika whose outstanding intellectual qualities had already earned him the name of 'the Philosopher', and whose theological erudition, diplomatic ability, and linguistic talents had been proved in negotiations with the Saracens and the Khazars. Before his departure he composed an alphabet (*složi pismena*) and began to translate the Gospels into Slavonic. He was to be accompanied by his brother Methodius, a monk well versed in public affairs. It is significant that the Emperor justified his choice by the words: 'You two are from Salonika, and all Thessalonians speak pure Slavonic' (*čisto slověnĭsky besědujutĭ*, *Vita Methodii*, ch. v).

The brothers made their way to Moravia, where they were well received by Rastislav, and devoted themselves to missionary activity among the Slavs of that country. Constantine soon translated the essential liturgical texts into Slavonic (*Vita Constantini*, ch. xv); but the work of the brothers met with considerable opposition from the local (no doubt Bavarian or Frankish) clergy, who upheld the doctrine that God could be praised only in the three 'holy' languages, Hebrew, Greek and Latin. After a stay of over three years in Moravia the brothers decided to return (presumably to Byzantium, though this is not certain) in order that their disciples might be consecrated priests: neither Constantine nor Methodius yet held episcopal office. Their journey took them through Pannonia (Western Hungary) where they were received with great favour by Koceľ, ruler of the local Slavs (no doubt Slovenes). Some fifty further disciples from among Koceľ's subjects accompanied them when they resumed their journey. They halted for a while in Venice (where Constantine had again to defend his vernacular liturgy in a disputation with the local clergy) and received there an invitation from Pope Nicholas I to visit him in Rome. Whatever reasons of ecclesiastical policy may have prompted the invitation, it seems to have been readily accepted; the brothers arrived in Rome in late 867 or early 868, to be received with great honour and solemnity by Pope Hadrian II (the successor of Nicholas I who had died on 13 November 867). The Slavonic liturgy received the papal blessing—indeed the *Vita Constantini* tells us that a Mass was sung in St. Peter's in the Slavonic tongue—and the Moravian and Pannonian disciples of the brothers were consecrated priests. Constantine was never to see Moravia again. He fell ill and, feeling his end approaching, he became a monk and took on the name of Cyril. Fifty days later he died, having commended to Methodius the continuation of their common task (*Vita Methodii*, ch. vii).

The urgency of this task was emphasized by the arrival of a message from Kocel requesting the Pope to permit Methodius to return to Moravia. This permission was given in a papal bull (whose text has only been preserved in Slavonic: *Vita Methodii*, ch. viii) addressed not only to Koceľ but also to the two Moravian princes Rastislav and Sventopluk. This document gives explicit sanction for the use of the Slavonic liturgy, on the one condition that Epistle and Gospel should be read first in Latin and then in Slavonic.

After a short visit to Pannonia Methodius returned to Rome again in order to be consecrated Archbishop of Syrmium (Srěm). Thus the Pope was resuscitating a province that had lapsed at the time of the Avar invasions in the sixth century; and Methodius' activities received a further important mark of papal approval. Methodius' new authority extended over Pannonia and, we may assume, also Moravia; this brought him into direct conflict with the Bavarian bishops of Passau and Salzburg who laid claim to authority over these same regions. This conflict came to a head in 870 or 871, at a time when one of Methodius' protectors, Rastislav, had been dethroned by his nephew Sventopluk who was now collaborating with the Franks. Methodius was arraigned by the bishops of Salzburg, Freising and Passau for usurping their authority and was imprisoned in Germany for two and a half years. In 873 the Pope (now John VIII) became aware of the situation and insisted on the liberation of Methodius who, nothing daunted by his experiences, resumed his work in Moravia. Circumstances now favoured him again, for Sventopluk was pursuing a more independent policy and his people had just driven out the German priests who had been working (and intriguing) amongst them (*Vita Methodii*, ch. x). Nevertheless the opposition against the Slavonic mission was only temporarily silenced: in 879 John VIII was prevailed upon to forbid the use of the Slavonic liturgy (in the bull *Prędicacionis tuę*[1]). But Methodius was able, in another visit to Rome, to plead his case with success, and a new bull (*Industrię tuę*[2]), addressed to Sventopluk in June 880, reinforced Methodius' authority and restored the Slavonic liturgy on the same terms as before.

After a final journey to Byzantium (probably in 882) Methodius returned to his diocese. Among the activities that occupied the last years of his life was the completion of the work of translation that had been begun during his brother's lifetime. According to the *Vita Methodii* (ch. xv) the two brothers had together translated the Psalter and the New Testament (perhaps excluding Revelation); now with the aid of two secretaries (*dŭva popy skoropisĭcę zělo*) Methodius further translated all the books of the Old Testament except Maccabees, as well as a nomocanon and a paterikon (*očĭskyja knigy*). On 6 April 885 he died and was laid to rest 'in the cathedral church' (*vŭ sŭborĭněi crkŭvi*), presumably in Velehrad, the capital of Great Moravia.

In Moravia itself Methodius' work did not long survive his death. The German party gained the upper hand. Pope Stephen V promptly banned the Slavonic liturgy[3] and the German Viching (Wiching) was installed as Methodius' successor instead of the Moravian Slav Gorazd who had been designated by the Saint himself. Later sources (notably the Lives of St. Clement of Ohrid[4] and of St. Naum[5]) tell how Methodius' disciples were brutally expelled from the country and in some cases sold into slavery. Thus extinguished in its first home, the Old Church Slavonic language was spread by these refugees into other Slavonic lands (see § 13).

[1] *Mon. Germ. Hist.*, Epistolae VII, No. 201.

[2] *Mon. Germ. Hist.*, Epistolae VIII, No. 255.

[3] *Mon. Germ. Hist.*, Epistolae VII, No. 1.

[4] See Perwolf (ed.), *Fontes rerum bohemicarum*, i, Prague, 1872, pp. 76–92.

[5] See Select Bibliography, I, Ivanov, *Български старини* . . . pp. 305–13.

§ **3.** The statement in the *Vita Constantini* that St. Cyril composed an alphabet is confirmed and supplemented by a number of other early testimonies. Notable among them is the probably tenth-century treatise *O pismenechŭ* of the monk Chrabr[1] in which we are told that St. Cyril's alphabet consisted of 38 letters, 'some after the system of the Greek letters, some according to Slavonic speech'. Even Pope John VIII referred (in the bull *Industrię tuę*) to 'litteras . . . sclaviniscas a Constantino quondam philosopho reppertas'. The preserved OCS manuscripts, however, present us with two distinct alphabets, the Glagolitic and the Cyrillic (see Table of Alphabets, *Grammar*, pp. 3–4); it has been one of the foremost tasks of Slavonic scholarship to establish the relationship of these two alphabets with one another, to elucidate their origins and history, and, in particular, to decide which of them was the alphabet devised by St. Cyril. Although there is much that remains obscure in the study of these questions there is widespread agreement that the alphabet invented by St. Cyril to take to the Moravian Slavs was that now called Glagolitic. The most important of the arguments that have been adduced in support of this position may be summarized as follows.

(i) The language of the OCS Glagolitic manuscripts is, generally speaking, more archaic than that of the OCS Cyrillic ones: the former show a number of examples of uncontracted forms of the compound adjective (gen. and dat. sing. masc.; see *Grammar* §§ 56–8); moreover the secondary sigmatic aorist is very rare in them (and indeed entirely absent from Mar. and Ps. Sin.); in other respects, too, the Glagolitic manuscripts seem to show us a language that cannot be far removed from that of Saints Cyril and Methodius themselves.

(ii) It was presumably in the Czechoslovak area that St. Cyril's alphabet was first used; and the existence of a Glagolitic scribal tradition in that region is securely attested. The OCS text which, palaeographically and linguistically, displays more archaic features than any other is the Kiev Missal (see p. 50); and this text also shows marked peculiarities in its phonology and morphology that assign it (or its prototype) to the Czech-speaking area. Moreover

[1] It has been edited by Lavrov, Ivanov, and Weingart–Kurz, op. cit.

the probably eleventh-century Prague Fragments (see p. 88) bear witness to a Glagolitic tradition in Bohemia a century or more after the dispersal of Methodius' disciples. In this connexion it is also noteworthy that certain lexical elements in the OCS Glagolitic texts are claimed by scholars to be of Czech (Moravian) origin (e.g. *rěsnota* 'truth', *ašjutŭ* 'in vain', *račiti* 'to deign'); while certain other words, borrowings from Latin or Old High German, must have entered the language in Moravia or Pannonia (rather than in the Greek-dominated linguistic and cultural climate of the Eastern Balkans) and are also found predominantly and in some cases exclusively in the Glagolitic OCS texts (e.g. *papeži* < OHG *bâbes* 'Pope', *miša* < Lat *missa* 'mass', *vŭsǫdŭ* < OHG *wizzôd* 'Holy Communion, sacrament', *komŭkati* < Lat *communicare* 'to communicate', *mŭnichŭ* < OHG *munich* 'monk', &c.). Linguistically, then, the Glagolitic manuscripts show a direct connexion with the Cyrillo-Methodian period; and this heightens the probability that the alphabet in which they are written was that of St. Cyril.

(iii) It is striking that the other region in which we find a Glagolitic scribal tradition also lies on the western margin of the Slavonic world, in Istria, the Quarnero, and maritime Croatia; here the Church Slavonic liturgy (still used today) is read from Glagolitic service-books and dates from time immemorial, and we may reasonably connect its inception with the work of Methodius' disciples, either before or after their dispersal.

(iv) The wording of the earliest testimonies concerning St. Cyril's linguistic work is hardly compatible with the relatively slight adaptation of the Greek alphabet which gave rise to the alphabet we now call Cyrillic. It is unlikely that such phrases as *složi pismena* (*Vita Constantini*), *ustroivŭ pismena* (*Vita Methodii*), *litteras . . . sclaviniscas . . . reppertas* (bull of John VIII) would have been used of the half-dozen or so non-Greek symbols of the Cyrillic alphabet. One later testimony, though indirect, is of the highest importance. A copy, made in 1499, of a manuscript originally dated 1047, reproduces the postface of the original, in which the writer, a certain Upir' Lichoj, states that he has transcribed the manuscript *is kurilovicě*: it may be fairly assumed that for this eleventh-century Russian scribe the alphabet of St. Cyril was still the Glagolitic.

(v) A number of palaeographic arguments are sometimes adduced to confirm the priority of the Glagolitic alphabet. They are of less importance than those already listed, but should be noted. There exist palimpsests, where Cyrillic writing has been superimposed on Glagolitic (e.g. the Evangelium Bojanum), but no examples of the reverse procedure; and some Cyrillic texts (including the important Macedonian Church Slavonic Psalterium Bononiense) contain isolated letters and even words written in Glagolitic—perhaps an indication that they were copied from Glagolitic originals.

§ 4. The Cyrillic alphabet is held by most (though not all[1]) scholars to be of later provenance than the Glagolitic. The earliest preserved Cyrillic texts are inscriptions dating from the tenth century, e.g. the funerary inscription made by order of the Bulgarian Tsar Samuel in 993 (see below, text No. VIII). The earliest Cyrillic manuscripts are the (probably eleventh-century) Savvina Kniga and Codex Suprasliensis (see §§ 10 and 11). The substitution of Cyrillic for Glagolitic is generally brought into connexion with the flowering of Slavonic letters in the Bulgarian Empire in the reign of the Greek-educated Emperor Symeon. It would have been natural for the Bulgarian monarch and his scholars to prefer the familiar Greek letters to the more esoteric and ornate Glagolitic ones. One attractive hypothesis suggests that the change was made at the Synod of Preslav in 893 when the Slavonic liturgy is believed to have been introduced into Bulgaria.[2] How far the new alphabet was based on the earlier 'unsystematic' adaptations of Greek letters to Slavonic speech referred to by the monk Chrabr, we do not know.[3]

§ 5. Much scholarship has been devoted to the investigation of

[1] A serious attempt to prove the priority of Cyrillic has been made by E. Georgiev, *Славянская письменность до Кирилла и Мефодия*, Sofia, 1952.

[2] See G. Il'inskij, 'Где, когда, кем и с какою целью глаголица была заменена «кириллицей»' *Byzantinoslavica*, iii (1931), pp. 79 ff.; and S. Runciman, *A History of the First Bulgarian Empire*, London, 1930, p. 135.

[3] This hypothesis is strongly argued by Georgiev, op. cit.

the sources of the Glagolitic alphabet, with its curiously complicated symbols. A solution which at one time gained wide acceptance is that, advanced by V. Jagić, which explained the Glagolitic letters as developments of the Greek minuscule script.[1] It is more likely, however, that the complex Glagolitic characters derive from a variety of sources, possibly including, in addition to Greek letters, non-alphabetical elements such as the Christian symbols of the cross, the circle and the triangle. The resulting complexity has caused the suggestion to be put forward[2] that St. Cyril was anxious, for political reasons, to conceal the Greek origin of his alphabet when he took it to Moravia. A connexion between the Glagolitic and Greek alphabets is, incidentally, made certain by the fact that Glagolitic, like Greek, had two symbols for *i* (ⰹ, ⰺ: Greek ι, η) and *o* (ⱁ, ⱉ: Greek ο, ω), and represented *u* by a digraph (ⱆ: Greek *ου*). More difficult is the question of the origin of those Glagolitic letters which represented Slavonic sounds that were absent from Greek and for which there was consequently no Greek letter available. Some of these (notably the letters for *c*, *č*, *š*) have been explained as modifications of letters from Semitic alphabets (Samaritan and perhaps Hebrew). The letters for *g*', *e*, *k*, and, more doubtfully, *b* and *i* (ⰺ) have also been derived from the same Semitic sources; and the characters for *ž* and *č* may possibly be from the Coptic alphabet.

There is nothing surprising in the supposition that St. Cyril went beyond Greek to Semitic scripts to complete his alphabet. The *Vita Constantini* shows him to have been a first-class linguist and refers explicitly and in detail to his knowledge of Semitic languages (including Hebrew and Samaritan).

Many attempts have been made to demonstrate the affinity of Glagolitic with alphabets other than those mentioned above (e.g. Gothic, Georgian, Armenian, &c.); but none of them can be regarded as successful.

[1] See V. Jagić, 'Глаголическое письмо' in *Энц. слав. фил.*, and A. M. Seliščev, *Старославянский язык*, i, Moscow, 1951, pp. 44–46.

[2] Notably by Sir Ellis Minns, 'Saint Cyril really knew Hebrew', in *Mélanges ... Paul Boyer*, Paris, 1925. The author adds the less likely hypothesis that St. Cyril devised both the Slavonic alphabets.

§ **6.** The provenance of the Cyrillic script is clear beyond any possibility of doubt: the majority of the letters are identical with the corresponding characters of the Greek uncial (majuscule) script of the tenth century. The characters representing the Slavonic sounds not found in Greek are in general clearly recognizable as simplified versions of their Glagolitic counterparts (the letters for *b*, *ž*, *št*, *c*, *č*, *š*, *ŭ*, *y*, *ĭ*, *ě*, *ju*, *ę*, *ǫ*[1]). ꙃ (*dz*) is a modification of the Cyrillic (Greek) ꙁ. Cyrillic shows no character corresponding to the rare Glagolitic letter for *g*', which was no doubt felt to be unnecessary, occurring as it did only in foreign words. The slavish dependence of the Cyrillic alphabet on the Greek is, however, apparent in its inclusion of the unnecessary letters ѯ and ѱ, as well as in the retention of the Greek numerical values of the letters. (In Glagolitic the sequence of numerical values corresponds with the Slavonic, not the Greek, order of the letters: see the Table of Alphabets, *Grammar*, pp. 3–4.)

§ **7.** We cannot be certain of the original number or order of the Glagolitic letters. Early sources are conflicting: the monk Chrabr speaks of 38 letters while an alphabetical acrostic poem[2] by the Bulgarian Constantine Presbyter (probably composed in 894) gives only 36. The original Cyrillic alphabet probably lacked the 'prejotated' vowels ѥ, ꙗ, ѩ, which are rare in the earliest manuscripts.[3]

§ **8.** It is now certain that the Old Church Slavonic language in its original form was based on a Macedonian dialect spoken in the Slavonic hinterland of Salonika. This was finally established by V. Jagić in the second edition of his book *Entstehungsgeschichte der kirchenslavischen Sprache* (Berlin, 1913). He thus authoritatively closed a controversy that had been pursued for the better part of a century. The Slovene scholar Bartolomäus (Jernej) Kopitar

[1] The Cyrillic characters for the nasals seem to correspond to the Glagolitic ones placed on their sides.

[2] Reprinted by A. Vaillant, *Manuel du vieux slave*, ii, Paris, 1948, pp. 76–79.

[3] For detailed consideration of the questions referred to in § 7 see J. Vajs, *Rukověť hlaholské paleografie*, Prague, 1932 (for Glagolitic), A. M. Seliščev, op. cit., especially §§ 15–27; see also the tables of the original Glagolitic and Cyrillic alphabets as reconstructed by R. Nahtigal, *Slovanski jeziki*, 2nd edition, Ljubljana, 1952, pp. xxiii–xxiv.

(1780–1844) had advanced the theory that OCS had been the language of the Slavs of ninth-century Pannonia and that these had been the ancestors of the present-day Slovenes; this interpretation was accepted by Kopitar's compatriot, the great Slavonic philologist Franz (Fran) Miklosich (1813–91). Towards the end of the nineteenth century, however, the researches of Vatroslav Oblak showed the affinities of OCS with present-day Macedo-Bulgarian dialects, particularly those of the villages of Sucho and Visoko, and thus paved the way for Jagić's decisive demonstration of the true character of OCS in the work already mentioned.

The most significant proofs were phonological ones. The South-East Macedonian dialects are unique in showing *št*, *žd* < Common Slavonic *tj*, *dj* (see *Grammar* § 21.2) together with *'a*, *'ä* < Common Slavonic *ě*. These features also occur in OCS: *št*, *žd* occur in all the OCS texts except the Kiev Missal (for which see p. 50); and the Glagolitic alphabet represents by a single symbol the sounds that go back to Common Slavonic *ja* and *ě* (e.g. *rybarě*, gen. sing. of *rybarĭ*, cf. *raba* from *rabŭ*: *sěsti* < *sěd-ti* [IE root *sed-/sēd-*]) (see *Grammar* § 10). Jagić adduces other arguments (distinction of original *ŭ* and *ĭ* in Macedo-Bulgarian dialects as in OCS; presence of *dz* in these dialects and as a separate character in the Glagolitic alphabet; the existence of the Glagolitic letter Ⰼ (*g'*) which would only have been necessary in an area familiar with the palatalized Greek pronunciation of *g* in the groups γε, γι, &c. [see *Grammar* § 2. II. (1)], but they are of less weight than the coincidence of the two decisive features mentioned above.

§ **9.** The OCS language is, however, much more than the reduction to writing of a ninth-century Macedonian dialect. It was a new literary language, intended for the use not (or not only) of the Slavs of Macedonia but of those of Moravia and perhaps elsewhere besides. The dialectal differences between the various Slavonic communities must have been very much slighter in the ninth century than they are today; and in any case the new functions that St. Cyril's language was to assume soon obscured its special links with the everyday speech of Macedonia. St. Cyril was faced with the same problem that has taxed the skill of others before and after him who have had the task of translating the literature of the Christian church into the languages of primitive communities. An abstract vocabulary, often highly technical, had to be created; and the flexible syntax of Greek had to be adapted to a language whose basic syntactical structure was no doubt still paratactic. Some of the sources of the new vocabulary have already been indicated (§ 3): these West Slavonic, Latin, and German elements were added to the translators' native Greek and Macedonian Slavonic vocabulary to forge a language which must soon have become homogeneous through use. The extent to which the brothers succeeded in their task as translators becomes apparent when we compare the OCS Gospel translation with, say, the Old High German Tatian, a translation of parts of the New Testament made only a few decades earlier. The Slavonic version is much more independent in its approach to the original and constantly adapts the wording and constructions of the Greek to suit the genius of the Slavonic language: rarely, if ever, does it resemble its German counterpart in providing a mere word for word gloss on the original.[1]

§ **10.** No manuscript conveys to us directly the language of Saints Cyril and Methodius: the OCS manuscripts were all written in the eleventh century, with the possible exception of Kiev Miss., Zogr., and Mar., which may have been written in the late tenth century. While a comparison of the oldest Gospel codices (notably Zogr. and Mar.) makes it relatively easy to establish the character of the earliest OCS[2] yet the preserved texts already show dialectal variations. It is not always possible to establish with certainty the region in which a given manuscript originated, but certain broad distinctions are clear enough: we can distinguish the manuscripts whose originals were written in Moravia, Macedonia, and (Eastern) Bulgaria respectively.

To the first class belongs only Kiev Miss., which is further discussed on p. 50.

[1] For illustrations of the methods of the OCS translators see Seliščev, op. cit., § 10.

[2] An example of such a reconstructed ('normalized') OCS text is given by A. Vaillant, *Manuel du vieux slave*, ii, Paris, 1948, text No. I.

The texts whose originals can be traced to Macedonia include all the Glagolitic manuscripts represented in this book with the exception of Kiev Miss. and Prague Fr. with their Czech linguistic affinities. The features common to all the texts of this group are the tendency to vocalize the jers (*ŭ*, *ĭ*) as *o*, *e* and the presence (exclusive in Mar., Ps. Sin., and Cloz.) of the old (asigmatic [*idŭ*] and primary sigmatic [*rěchŭ*, *věsŭ*]) aorist forms (see *Grammar* § 69). Other features found frequently but not universally in this group are the tendency to denasalize *ǫ* as *u* and the retention of original *dz*. Two texts of this group (Mar. and Cloz.) have been assigned by some scholars to the Croatian or generally to the Serbo-Croat area, principally on the evidence of the features *ǫ* > *u*, *y* > *i*, and (in Mar. only) gen. sing. *sego* > *sega*, *vŭ-* > *u-*. The tendency to vocalize the jers as *o*, *e*, however, prevents us from describing these two texts (with J. Hamm, *Gramatika starocrkvenoslavenskog jezika*, Zagreb, 1947, 164) as 'Croatian'.

The remaining group of OCS texts includes the two Cyrillic manuscripts, Savv. Kn. and Supr., which are believed to have been written in the East Bulgarian area: some scholars assign Savv. Kn. to the northern, Supr. to the western part of this area. The characteristic feature of this group is the retention of *ŭ* (cf. Modern Bulgarian). *ĭ* is retained unvocalized in Savv. Kn., but Supr. shows a strong tendency to vocalize it as *e*. *dz* is absent from both manuscripts (see *Grammar* § 25); and while Savv. Kn. still has a number of asigmatic aorists beside the more frequent secondary sigmatic ones (*idochŭ*), Supr. shows no examples of the former type; and neither manuscript has any example of the primary sigmatic aorist except the coventionalized *rěchŭ*.

§ **11.** The OCS manuscripts may be divided, in respect of their content, into three main classes:

(i) Translations of the Gospels and the Psalter; these comprise the three Glagolitic Gospel codices: Codex Zographensis (Zogr.), Codex Marianus (Mar.), and Codex Assemanianus (Ass.); one Cyrillic Gospel manuscript, Savvina Kniga (Savv. Kn.); and a Glagolitic Psalter, Psalterium Sinaiticum (Ps. Sin.).

(ii) Liturgical texts: two Glagolitic manuscripts, the Kiev Missal (Kiev Miss.), and the Euchologium Sinaiticum (Euch. Sin.).

(iii) Homiletic, martyrological, and other theological texts. Apart from short fragments we find texts of this nature in two fragmentary menologies: the Glagolita Clozianus (Cloz.) and the Cyrillic Codex Suprasliensis (Supr.).

To these may be added (iv) the small group of OCS inscriptions, represented in this book by the most important example: the Cyrillic Inscription of Tsar Samuel.[1]

§ **12.** The texts listed in § 11 all belong to the accepted 'canon' of OCS writing, as do a number of smaller fragments which are enumerated in other manuals of OCS (e.g. those of Kul'bakin and Weingart). In addition it is necessary for the student of OCS to consider certain texts which are connected in language or content with the earliest period of OCS and belong to the tenth or eleventh centuries, but which in their preserved form show very marked divergencies from the OCS linguistic norm. Opinions differ as to whether such texts can properly be called OCS or whether they should not rather be classed with the later national 'recensions' of Church Slavonic which are mentioned in § 13. Three of these texts are represented in this book, one with Russian, one with Czech, and one with Slovene linguistic affiliations: Ostromir's Gospel-Book (Ostr.), the Prague Fragments (Prague Fr.), and the Freising Texts (Freis.).[1]

§ **13.** As has been mentioned in § 2, Methodius' disciples carried the OCS language and the Slavonic liturgy to new lands—to Bohemia, Croatia, and Bulgaria. It was not long before Bosnia and Serbia were drawn into the Cyrillo-Methodian orbit. Bulgarian missionaries took the language to Russia after the conversion of the Kievan state in the late tenth century. Even non-Slavonic Roumania later accepted the language of St. Cyril in church and chancery, where, until the sixteenth century, it played the same

[1] More detailed information about all these texts will be found in the appropriate sections of the anthology. With the exception of the extract from Kiev Miss. on p. 51 the extracts from Glagolitic manuscripts reproduced in this book are given, in accordance with modern practice, in Cyrillic transcription.

part as Latin in the West. Under these conditions it could not be expected that the language would remain unitary. It took on a distinct local colouring according to the areas in which it was used and the result was the different national forms or 'recensions' of Church Slavonic: Bohemian, Croatian, Serbian, Russian and Roumanian Church Slavonic, and Middle Bulgarian.[1] The Bohemian stream dried up after the expulsion of the monks from the Sázava monastery in 1096; but for all the other regions concerned Church Slavonic was the principal, sometimes the exclusive, vehicle of literature throughout the Middle Ages and even beyond. The literary languages of the Orthodox Slavs were formed by a process of emancipation from the influence of Church Slavonic. For a full understanding of the literature and civilization of the Slavonic peoples a study of OCS is essential. It is thus not merely a necessary instrument for the Slavonic philologist: it is a common, unifying factor in Slavonic civilization.

[1] This inconvenient term is still the most common to describe texts in Church Slavonic of the Bulgarian recension. Bulgarian Church Slavonic would be preferable, but for the continued existence of the term Old Bulgarian alongside OCS. Macedonian Church Slavonic is now sometimes distinguished from Middle Bulgarian as a separate recension.

A. GLAGOLITIC TEXTS

I. CODEX ZOGRAPHENSIS

The Codex Zographensis (Zogr.) is a Glagolitic parchment manuscript of 303 ff. which takes its name from the Zographos monastery on Mount Athos, whose monks presented the manuscript to the Russian Tsar Alexander II in 1860. The Tsar in his turn presented it to the St. Petersburg (now Leningrad) Public Library, where it is still preserved. The codex contains a *tetraeuangelion* or version of the four Gospels. The beginning is missing (the text begins with Matt. iii. 11) and ff. 41–57 (= Matt. xvi. 20–xxiv. 20) have been written by a younger (late eleventh- or early twelfth-century) hand. The gospel translation ends with f. 288; there follows a Cyrillic *synaxarion* (calendar of Saints' days with indication of the gospel for each day) of later date. The language of Zogr. (which was no doubt written in Macedonia, perhaps as early as the end of the tenth century) is a good reflection of the earliest OCS. A characteristic feature of this text, however, is the assimilation of the jers (*ŭ* before front vowel > *ĭ*; *ĭ* before back vowel > *ŭ*). Zogr. has been edited by V. Jagić, *Quattuor evangeliorum codex glagoliticus olim Zographensis nunc Petropolitanus*, Berlin, 1879 (photographic reprint, Graz, 1954).

(*a*) *Matthew* iv. 17–vii

17 Ѡтъ толи начѧтъ
ис҃· проповѣдати і гл҃ати·
покаіте сѧ приближи бо сѧ
цр҃ствие нб҃ское· кон·
18 ходѧ же при мори галилѣ
ісцѣмь· видѣ дъва братра
симона нарицаѭштааго сѧ
петра· і ан҆дрѣѭ братра его·
въмѣтаѭшта мрѣжѧ въ
море· бѣашете бо рыбарѣ·
19 і гл҃а іма· грѧдѣта въ слѣ
дъ мене· і сътворѭ вы
чл҃комъ ловьца· 20 она же абие
оставьша мрѣжѧ· по немь
ідосте· 21 і прѣшьдъ тѫдѣ ви
дѣ іна дъва братра· іѣкова
зеведеова· іоана брата е

моу· въ кораби съ зеведео
мь о҃цемь єю· завѧзаѭ
шта мрѣжѧ своѩ· і въз'ьва ѣ·
22 о̆на же абиє оставьша кораб҄ь·
і о҃ца своєго по н҄ємь ідосте·
23 і прохождааше вс҄ѭ галилє
ѭ і҃с· оучѧ на сън'ьмиштихъ
іхъ· і проповѣдаѩ єва҃глиє
ц҃рствиѣ· і цѣлѧ вьсѣкъ не
дѫгъ· і всѣкѫ ѩзѫ въ л҄ю
дехъ· 24 і изиде слоухъ єго въ
вьсеи с҄ѵрии· і привѣсѧ є
моу вьсѧ болѧштѧѩ· разли
чьн'ыми недѫг'ы· і стра
стьми о̆држим'ы· і бѣ
сън'ыѩ· і мѣсѧчьн'ыѩ
з'ьл'ы недѫг'ы імѫштѧ·
і ослабл҄ен'ы жилами·
і ицѣли ѩ· 25 і по н҄ємь ідошѧ
народи мноѕи· о̆тъ галилеѩ
і декаполѣӑ і отъ і҃ама і и
юдеѩ· і съ оного полоу іо̆рдан··
V·1 оузьрѣвъ же народ'ы вьзи
де на горѫ· і ѣко сѣде при
стѫпишѧ къ н҄ємоу оуче
ници єго· 2 і отвръзъ оуста
своѣ оучааше ѩ гл҃ѧ:
3 Блажени ништии д҃хомь· ѣко
тѣхъ єстъ ц҃рсо н҃бскоє: 4 бла
жени плачѫштеи· ѣко ти оу
тѣшѧтъ сѧ: 5 блажени кротьци·
ѣко ти наслѣдѧтъ земл҄ѭ·
6 блажени ал'чѫштии і жѧ
ждѫштии правъд'ы ради·
ѣко ти нас'ытѧтъ сѧ: 7 блаже
ни милостивии· ѣко ти по
миловани бѫдѫтъ: 8 блаже
ни чистии срьдцемь· ѣко ти
б҃а оузьрѧтъ: 9 блажени съ
мирѣѭштии· ѣко ти с҃нове б҃жии

нарекѫтъ сѧ: 10 блажени ıзгъ
нани правьды ради· ꙗко тѣ
хъ естъ цр҃ство нб҃ское: 11 блаже
ни есте егда поносѧтъ вамъ·
ı ижденѫтъ вы· ı рекѫтъ·
вьсѣкъ зълъ гл҃ъ на вы· лъжѫ
ште мене ради: 12 Радоуите сѧ
ı веселите сѧ· ꙗко мъзда ва
ша многа естъ на небесехъ:
тако бо ıзгънашѧ пророкы·
ıже бѣшѧ прѣжде васъ· 13 вы
есте соль земи· аште же со
ль обоуѣетъ· чимь осолитъ сѧ·
ни чьсомоу же бѫдетъ къ то
моу· да ıсыпана бѫдетъ
вънъ· ı попираема чк҃ы· зач҃·
14 Вы есте свѣтъ мироу· не
можетъ градъ оукрыти сѧ вр··
хоу горы стоѧ· 15 ни въжагаѭ
тъ свѣтильника· ı поставлѣ
ѭтъ его подъ спѫдомь·
нъ на свѣштьницѣ· ı свѣти
тъ вьсѣмъ· ıже въ храминѣ
сѫтъ· 16 тако да просвѣти
титъ сѧ свѣтъ вашь прѣдъ чк҃ы·
да оузьрѧтъ дѣла ваша добраѣ·
ı прославѧтъ оц҃а вашего ı
жь естъ на нб҃хъ· 17 Не мните
ꙗко придъ разоритъ закона
ли пророкъ· не придъ разоритъ
нъ ıсплънитъ· 18 аминъ· аминъ·
гл҃ѭ вамъ· доıдеже прѣı
детъ нб҃о ı землѣ· писмѧ
едино· ли едина чръта не прѣ
ıдетъ отъ закона· доıдеже
вьсѣ бѫдѫтъ· 19 ıже бо разори
тъ единѫ заповѣдь· ı сихъ
малъıхъ· ı наоучитъ тако
чк҃ы· мьниı наречетъ сѧ
въ цр҃си нб҃сцѣмь· а ıжь сътво

ритъ і наоучитъ· сь велиі
наречетъ сѧ въ црси нбсцѣмь·
20 Глѭ бо вамъ· ѣко аште не
ізбѫдетъ правъда ваша·
паче кънижьникъ і фарисеи·
не імате вьнити въ црсо
нбское· 21 сл'ꙑшасте ѣко ре
чено б'ꙑстъ древьнімъ·
не оубиеши· іжь бо оубиетъ·
повиненъ естъ сѫдоу· 22 азъ
же глѭ вамъ· ѣко гнѣваѩ
і сѧ на брата своего сп'ꙑ
ти· повиненъ естъ сѫдоу·
іжь бо речетъ братоу сво
емоу· рак'ка· повиннъ естъ
сънъмиштю· а іжь рече
тъ боуе· повиненъ естъ ђе
онѣ огньнѣи· 23 аште оубо при
несеши даръ свои къ ол'тарю·
і тоу помѣнеши ѣко бръ твои
іматъ нѣчто на тѧ· 24 оста
ви даръ твои прѣдъ ол'та
ремь· і шедъ прѣжде съми
ри сѧ съ бротомь твоімь·
і тъгда пришьдъ принеси да
ръ свои· 25 Бѫди оувѣштаѩ
сѧ съ сѫпьрьмь своімь
скоро· доідеже еси на пѫ
ти съ нимь· да не прѣдастъ
тебе сѫпьрь сѫдиі· і сѫ
диі тѧ прѣдастъ слоуѕѣ
і въ темьницѫ въвръжетъ тѧ·
26 амнь· глѭ ти не ізидеши
отъ тѫдѣ· доньдеже възда
си послѣдьниі· конъдратъ·
27 Сл'ꙑшасте ѣко речено б'ꙑ
стъ древьнимъ· не прѣлю
б'ꙑ сътвориши· 28 азъ же глѭ
вамъ· ѣко вьсѣкъ іже възь
ритъ на женѫ съ похотиѭ·

оуже любꙑ сътвори съ неѭ·
въ срьдьци своемь· 29 аште
же око твое десное събла
жнѣетъ тѧ істъкни е· і отъ
връзи отъ себе· добрѣе бо
ти естъ да погꙑблѣетъ еди
нъ оудъ твоіхъ· а не все тѣ
ло твое въвръжено бѫде
тъ въ геонѫ· 30 і аште деснаѣ
твоѣ рѫка съблажнаетъ
тѧ· оусѣце ѭ· і отъвръзи
отъ себе· добрѣе бо ти естъ
да погꙑблѣетъ единъ оудъ
твоіхъ· а не все тѣло твое
въвръжено бѫдетъ въ ге
онѫ· 31 речено же бꙑстъ·
іже аште поуститъ женѫ
своѭ· дастъ еи кънигꙑ
распоустънꙑѩ· 32 азъ же
глѭ вамъ· ѣко вьсѣкъ
поуштаѩи женѫ
своѭ· развѣ словесе
любодѣінааго· творитъ
ѭ прѣлюбꙑ дѣати· і иже
подъпѣгѫ поемлетъ· прѣ
любꙑ дѣетъ· 33 пакꙑ слꙑ
шасте ѣко речено бꙑстъ
древьніімъ· нъ въ лъже
кльнеши сѧ· въздаси же
гви клѧтвꙑ своѩ· 34 азъ
же глѭ вамъ· не клѧти сѧ
вамъ· не клѧти сѧ отънѫ
дь· некомь· ѣко прѣстолъ
естъ бжіи· 35 ни землѭ· ѣко
подъножие естъ ногама
его· ни елмь ѣко градъ е
стъ великааго црѣ· 36 ни гла
воѭ своеѭ кльни·
сѧ· ѣко не можеши власа
единого бѣла· ли чрьна съ

творити· 37 бѫди же сло
во҄ ваше· еи· еи· ї ни ни·
лихое бо сею отъ неприѣзни
естъ· 38 слꙑшасте ѣко рече
но бꙑ҃· око за око· ї зѫбъ
за зѫбъ· 39 азъ гл҃ѭ вамъ·
не противити сѧ зълоу· нъ
аште къто тѧ оударитъ· въ
деснѫѭ ланитѫ· ѡ̆брати
сѧ емоу дроугѫѭ· 40 ї хотѧштю
моу сѫдъ приѩти съ тобоѭ·
ї ризѫ твоѭ възѧти· ѡ̆тъ
поусти емоу ї срачицѫ твоѭ·
41 ї аште къто поїметъ тѧ
по силѣ· прѣпьриште еди
но їди съ нимь двѣ· зач҃·
42 Просѧштюмоу оу тебе даи
ї хотѧштааго отъ тебе за
ѩти· не отъврати· 43 слꙑ
шасте ѣко речено бꙑ҃· вь
злюбиши подроуга своего·
і възненавидиши врагꙑ
своѩ· 44 Азъ же гл҃ѭ вамъ·
любите врагꙑ вашѧ·
благословите клънѫштѧ
ѩ вꙑ· добро творите не
навидѧштиімъ васъ·
ї молите· за творѧштѧ
ѩ вамъ напасти· ї изго
нѧштѧѩ вꙑ· 45 да бѫдете
с҃нове о҃ца вашего· їжь е
стъ на небесехъ· ѣко слъ
ньце свое сиѣетъ· на зъ
лꙑ ї благꙑ· ї дъждитъ
на праведънꙑѩ· ї непра
вьдънꙑ· 46 аште любите
любѧштѧѩ вꙑ· кѫѭ мъ
здѫ їмате· не ї мьздоі
мьци ли тожде творѧтъ·
47 ї аште цѣлоуете дроугꙑ

вашѧ· токмо чьто творите·
не ї мьздоїмьци ли тожде
творѧтъ· 48 бѫдѣте оубо съ
врьшени· ѣко ı оц҃ь вашь нбс҃(къ)
съвръшенъ естъ· кон҃· зач҃·
VI·1 Вънемл̑ѣте милост'ꙑн̑ѧ
вашѧ· не творити прѣдъ чк҃(ꙑ)
да̑ видими бѫдете їми·
аще ли же ни· м'ьзд'ꙑ не
їмате отъ оц҃а вашего· їжь
естъ на небесехъ· 2 егда оубо
твориши милост'ꙑн̑ѭ·
не въстрѫби прѣдъ собоѭ·
ѣко ѵпокрити творѧтъ въ
сънъмиштихъ· ї въ стъ
гнахъ· да прославѧтъ сѧ
отъ чк҃ъ· аминь гл҃ѭ вамъ·
въсприıмѫтъ мъздѫ
своѭ· 3 тебѣ же творѧштю
милост'ꙑн̑ѭ· да не чю
етъ шюıца твоѣ· чьто тво
ритъ десница твоѣ· 4 да бѫ
детъ милост'ꙑн̑и твоѣ въ
таїнѣ· ї оц҃ь твои видѧ въ
таıнѣ· въздастъ тебѣ авѣ·
5 ї егда молиши сѧ не бѫди
ѣко ї лицемѣръ· ѣко л̑юбѧтъ·
на сънъмиштихъ· ї въ стъ
гнахъ· на распѫтиїхъ· сто
ѩште молити сѧ· да ѣвѧ
тъ сѧ чк҃омъ· аминь гл҃ѭ
вамъ· ѣко въспримѫтъ мъ
здѫ своѭ· 6 тꙑ же егда мо
лиши сѧ· вънииди въ клѣть
твоѭ· ї затворь двьри
твоѩ· помоли сѧ оц҃ю твое
моу въ таıнѣ· ї оц҃ь твои ви
дѧи въ таıнѣ· въздастъ
тебѣ авѣ· 7 Молѧште же
сѧ не лихо гл҃ѣте· ѣкоже ї ѩ

зъıчьници· мьнѧтъ сѧ ѣко
въ мноѕѣ глани своемь·
оуслъıшани бѫдѫтъ·
8 не подобите сѧ оубо імъ· вѣстъ
бо оць вашь іхъже трѣбоуете·
прѣжде прошениѣ вашего·
9 тако оубо молите сѧ въı:
Ѡче нашь· іже еси на небе
сехъ· да стит сѧ імѧ твое·
10 да придетъ црствие твое·
да бѫдетъ волѣ твоѣ· ѣко
на нси і на земли· 11 хлѣбъ
нашь настоѩшт·······
даждь намъ днесь· 12 і отъ
поусти намъ дльгъı наш(ѧ)·
ѣко і мъı отъпоуштаемъ
дльжьникомъ нашимъ·
13 і не въведи насъ въ напа
сть· нъ ізбави нъı отъ не
приѣзни· ѣко твое естъ
црствие· і сила і слава въ
(вѣк) вѣк(омъ) аминь: зач:
14 Аште бо отъпоуштаете
чкомъ съгрѣшениѣ іхъ· отъ
поуститъ і вамъ оць вашь
нбскъı·
15 отъпоуститъ ва
мъ· съгрѣшениі вашихъ·
16 Егда постите сѧ· не бѫдѣ
те ѣко ѵпокрити· сѣтоуѭште·
просмраждаѭште бо лица
своѣ· да бишѧ сѧ авили
чкомъ постѧште· аминь
глѭ вамъ· ѣко въспри
мѫтъ мъздѫ своѭ· 17 тъı
же постѧ сѧ помажи си гла
вѫ своѭ· і лице твое оу
мъı· 18 да не авиши сѧ чко
мъ постѧ сѧ· нъ оцю твое
моу· іжь естъ въ таінѣ·

і о҃ць твои видѧи въ таі
нѣ· въздастъ тебѣ авѣ·
19 не съкрꙑваите себѣ съ
кровишта на земи· іде
же чръвь і тьлѣ тьлитъ·
ідеже татие подъкопава
ѭтъ і крадѫтъ· 20 съкрꙑ
ваіте себѣ съкровишта
на н҃бсе· ідеже ни чръвь
ни тьлѣ тьлитъ· ідеже ни
татие подъкопаѭтъ ни
крадѫтъ· 21 ідеже бо естъ съ
кровиште ваше· тоу естъ
і срдьце ваше· 22 Свѣтиль
никъ тѣлоу естъ о̆ко· аште
оубо бѫдетъ о̆ко твое про
сто· все тѣло твое бѫде
тъ свѣтъло· 23 аште ли о̆ко
твое лѫкаво бѫдетъ· все
тѣло твое тьмъно бѫде
тъ· аште оубо свѣтъ іже
въ тебѣ· тъма естъ· тѣ тъ
ма кольми: 24 Никъі же ра
бъ не можетъ двѣма г҃ма
работати. ли бо единого
възненавидитъ· а дроуга
го възлюбитъ· ли едино
го дръжитъ сѧ· ӑ о дроѕѣ
мь не брѣшти въчьнетъ·
не можете б҃у работати і
мамонѣ: 25 Сего ради г҃лѭ
вамъ· не п’цѣте сѧ д҃шеѭ
своеѭ· чьто ѣсте іли что
пиете· ни тѣломь вашимь·
въ что облѣчете сѧ· не д҃ша
ли больши естъ пиштѧ·
і тѣло одеждѧ· 26 възьрите
на птицѧ н҃бскꙑѩ· како
не сѣѭтъ ни жьнѭтъ· ни
събираѭтъ въ житьницѫ·

і о҃ць вашь не҃бскꙑі питѣ
етъ ѩ· не вꙑ ли паче лоу
чьши іхъ есте· 27 кто же отъ
васъ пекꙑ сѧ· можетъ при
ложити тѣлеси своемь
лакъть единъ· 28 і о одежди
чьто сѧ печете· съмотри
те цвѣтъ селънꙑіхъ како
растѫтъ· ни троуждаѭ
тъ сѧ ни придѫтъ· 29 гл҃ѭ
же вамъ· ѣко ни соломѡн҃ъ·
въ всеи славѣ своеи облѣ
че сѧ· ѣко единъ отъ сихъ·
30 аште же сѣно дьньсь сѫ
штее· а ѹтрѣ въ огн҃ь вьмѣ
таемо· бъ тако одѣетъ· ко
ли паче васъ маловѣри·
31 не пцѣте сѧ оубо гл҃ѭште·
чьто ѣмъ ли чьто піемъ·
ли чимь одеждемъ сѧ· 32 всѣ
хъ бо сихъ ѩзꙑци іштѫтъ·
вѣстъ бо о҃ць вашь не҃бскꙑ·
ѣко трѣбоуете сихъ вьсѣхъ·
33 іштѣте же прѣжде ц҃рствиѣ
б҃жиѣ· і правъдꙑ его· і си
всѣ приложѧтъ вамъ· ко҃н·
34 Не пцѣте сѧ оубо на оутрѣи·
ѹтрьн҃и бо днь собоѭ пече
тъ сѧ· довьл҄етъ дьни зъло
ба своѣ· зач· VII·1 Не осѫжда
ите· да не осѫждени бѫ
дете· 2 імь же бо сѫдомь
сѫдите· сѫдѧтъ вамъ·
і вь н҃ѭ же мѣрѫ мѣрите·
възмѣрѧтъ вамъ· 3 чьто
же кидиши сѫчьць іжь е
стъ въ оцѣ братра ткоего·
а брьвн҃а еже естъ въ оцѣ
твоемь не чюеши· 4 ли како ре
чеши братоу скоемоу· остави

і изъмѫ сѫчець із очесе
твоего· і се бръвъно въ оцѣ
твоемь 5 лицемѣре· ізъми
пръвѣе бръвъно із очесе
твоего і тъгда оузьриши
ізѧти і сѫчьць· із оче
се брата твоего· 6 Не дадите
ст҃аго псомъ· ни помѣта
іте бисеръ вашихъ прѣдъ
свинйѣми· да не поперѫ
тъ іхъ ногами своіми·
і вращъшѧ сѧ растръгнѫ
тъ вы· 7 Просите· і дастъ
сѧ вамъ· іштѣте· і обрѧ
штете· тлъцѣте і отвръ
зетъ сѧ вамъ· 8 вьсѣкъ бо
просѧи приемлетъ· і и
штѧи обрѣтаетъ· і тлъ
кѫштоумоу отвръзетъ сѧ :· кон
9 ли къто естъ отъ васъ ч҃къ·
еже аште въспроситъ с҃нъ
твои хлѣба· еда камень
подастъ емоу· 10 ли аште ры
бы· подаси ли емоу змиѭ·
11 аште оубо вы лѫкавьни сѫ
ште· оумѣете дааниѣ бла
га даѣти чѧдомъ вашимъ·
кол'ми паче о҃ць вашь іжь е
стъ на н҃бхъ· дастъ благаѣ
просѧштиімъ оу него :
12 Вьсѣ оубо елико хоштете
да творѧтъ вамъ ч҃ци· та
ко і вы ·творите імъ· се бо
естъ законъ і пророци· 13 вьни
дѣте ѫзъкыми вратъі·
ѣко пространа врата· і ши
рокъ пѫть· въводѧи въ па
гоубѫ· і мнози сѫтъ въ
ходѧшти імь· 14 коль ѫзъ
ка врата і тѣснъ пѫть·

въводѧі въ животъ· і ма
ло іхъ естъ іже і обрѣтаѭ(тъ)
15 Вънемлѣте отъ лъжніхъ
пророкъ· іже приходѧтъ къ
вамъ въ одеждахъ овьчахъ·
вънѫтрьѭдоу же сѫтъ
вльци· хꙑштьници· 16 отъ
плодъ іхъ познаете ѩ·
Єда обьемлѭтъ отъ тръ
нѣ гроздꙑ· ли отъ рѣпьѣ
смокъви· 17 тако всѣко дрѣво
добро· плодꙑ добрꙑ твори
тъ· а зъло дрѣво плодꙑ зъ
лꙑ творитъ· 18 не можетъ
дрѣво добро плода зъла тво
рити· ни дрѣво зъло добра
плода творити· 19 всѣко дрѣ
во еже не сътворитъ плода
добра· посѣкаѭтъ· і въ о
гнь въметаѭтъ: 20 Тѣмь
же оубо отъ плодъ іхъ по
знаете ѩ· 21 не всѣкъ глѧи
мнѣ ги ги· вьнидетъ въ
цѣсарство нбское· нъ творѧи
волѭ оца моего· іже е
стъ на нбсхъ· 22 Мноѕи ре
кѫтъ мнѣ въ тъ дьнь ги ги·
не въ твое ли імѧ пророчь
ствовахомъ· і твоімь
іменемь бѣсꙑ ізгъна
хомъ· і твоімь іменемь
силꙑ многꙑ створихо
мъ· 23 і тогда ісповѣмь
імъ· ѣко николиже знахъ
васъ· отидѣте отъ мене
дѣлаѭштиі безаконие.
зач· 24 Всѣкъ оубо іже
слꙑшитъ словеса моѣ си·
і сътворитъ ѣ· оуподоблѭ
и мѫжю мѫдроу· іже съ

з'ьда храминѫ своѭ на ка
мене. 25 і сънидѫ д'ъжди
і придѫ рѣк'ꙑ· і вьзвѣ
ашѧ вѣтри· і нападѫ на
храминѫ тѫ· і не паде сѧ·
основана бо бѣ на камени·
26 і кcѣкъ сл'ꙑшѧи слоке
са моѣ си· і не ткорѧ іх'ъ·
оуподобит'ь сѧ мѫжю коую·
іжь с'ьз'ьда храминѫ своѭ
на п'ѣс'ьцѣ· 27 і с'ьниде д'ъждь
і придѫ р'ѣк'ꙑ· і к'ьзк'ѣ
ашѧ кѣтри· і опьр'ѣшѧ сѧ
храминѣ тои· і паде сѧ·
і бѣ раздроушение еѩ ке
лие ѕѣло· 28 І б'ꙑст'ь егда сь
конча ис҃· кcѣ слокеса си·
дивл'ѣахѫ сѧ народи о оуче
ниі его· 29 бѣ бо оучѧ ѣко кла
сть ім'ꙑ· і не ѣко кънижь
ници іх'ъ· і фарисеи:

(*b*) *Luke* i

ЄВАНЂЄЛИЄ
ѠТЪ ЛОУКЪІ:

I·1 По н҃еже оубо· мнози начѧшѧ·
чинити повѣсть· ѡ ізвѣ
стьнъіхъ въ насъ вештехъ·
2 ѣкоже прѣдашѧ намъ· бꙑвъ
шеі і҆скони самовидьци·
і҆ слоугꙑ словеси· 3 і҆зво
ли сѧ і҆ мьнѣ хождьшю· і҆
с пръва по всѣхъ· въ і҆сти
нѫ по рѧдоу· псати тебѣ·
славьнъі т'еофиле· 4 да ра
зоумѣеши· ѡ н҃ихъже наоу
чилъ сѧ є҆си словесехъ·

оутвръжденье· 5 бъıстъ
въ дьни і̑рода цр҃ѣ· і̑юдеі̑ска·
і̑ереі етеръ і̑менемь захариѣ·
ѡ̆тъ дьневънъıѩ чрѣдъı ӑви
ӑнѩ· і̑ жена его ѡ̆тъ дъштеръ ӑ
ронь· і̑мѧ еі· елисаветь·
6 Бѣӑшете же ѡ̆ба правьдъна
прѣдъ б҃мь· ходѧшта въ запо
вѣдьхъ всѣхъ· і̑ оправъда
ниіхъ г҃ніхъ· бес порока·
7 і̑ не бѣ і̑ма чѧда· по н̑еже бѣ
елисаветь неплодъı· і̑ оба
заматорѣвъша въ дьнехъ
своіхъ бѣӑшете· 8 бъıстъ же
слоужѧштю моу· въ чиноу чрѣ
дъı своеѩ прѣдъ б҃мь· 9 по о
бъıчаю ерѣі̑скоумоу· ключи
сѧ емоу покадити· въшьдъ
шю въ цр̓ковь г҃нѭ· 10 і̑ вьсе
множьство л̑юдіи бѣ· мо
литвѫ дѣѩ· вьнѣ въ годъ
тьмиѣна· 11 ӑви же сѧ емоу
а҃ѣлъ г҃нь· стоѩ о деснѫѭ ѡ̆
л̓тарѣ кадильнаӑго· 12 і̑ съмѧ
те сѧ захариѣ видѣвъ· і̑ стра
хъ нападе на н̑ь· 13 рече же къ н̑е
моу а҃ѣлъ г҃нь· не боі сѧ захариѣ·
за н̑е оуслъıшана бъıстъ
молитва твоѣ· і̑ жена твоѣ
елисавьть· родитъ с҃нъ тебѣ·
і̑ наречеши і̑мѧ ӗмоу і̑оан̓нъ·
14 і̑ бѫдетъ тебѣ радость і̑
веселье· і̑ мноѕи о рождь
ствѣ его въздрадоуѭтъ сѧ·
15 бѫдетъ бо велиі прѣдъ б҃мь·
і̑ вина і̑ творена кваса· не іма
тъ пити· і̑ д҃ха с҃та і̑сплъ
нитъ сѧ· ӗште же і̑ чрѣва м҃ре
своеѩ· 16 і̑ многъı с҃новъ
і̑л҃евъ· ѡ̆братитъ къ г҃ю б҃г і̑хъ·

17 і тъ прѣдъідетъ прѣдъ ни
мь· дхомь і силоѭ ілиіноѭ·
обратити срдьца оцмъ на чѧ
да· і противънꙑѩ· въ мѫ
дрость правьдънъіхъ· оуго
товати гви люди съвръше
нꙑ· 18 і рече захариѣ къ аглоу·
по чьсомоу разоумѣѭ се·
азъ бо есмь старъ· і жена моѣ
заматорѣвъши въ дьньхъ сво
іхъ· 19 і отъвѣштавъ аглъ рече
емоу· азъ есмь гаврілъ·
прѣстоѩі прѣдъ бмь· і посъ
ланъ есмь глати тебѣ· і бла
говѣститі тебѣ се· 20 і се бѫ
деши мльчѧ· до негоже дьне
бѫдетъ се· за не не вѣрова·
словесемъ моімъ· ѣже съ
бѫдѫтъ сѧ вь врѣмѧ своѩ·
21 і бѣшѧ людье жидѫште за
хариѩ· і чюждаахѫ сѧ еже
мѫждааше въ цркъве· 22 і тъ
бѣ помаваѩ імъ· і прѣбꙑ
вааше нѣмъ· 23 і бꙑстъ
ѣко іспльнишѧ сѧ дьнье·
слоужьбꙑ его· іде въ до
мъ своі· 24 по сихъ же дьньхъ·
зачѧтъ елисавьть жена
его· і таѣше пѧть мцъ глѭ
шти· 25 ѣко тако сътвори мнѣ
гь· въ дьни вь нѧже призьрѣ·
отъѩти поношенье мое отъ
чкъ· 26 Вь шестꙑ же мць·
посъланъ бꙑ аглъ гавьри
лъ· отъ ба· въ градъ галиле
іскъ· емоуже імѧ назаретъ·
27 къ дѣвѣ обрѫченѣ мѫжеви·
емоуже імѧ іосифъ· отъ
домоу дава· імѧ дѣвѣ мариѣ·
28 і въшьдъ къ неі аглъ рече·

радоуі сѧ благодѣтънаѣ гь҃
съ тобоѭ· бл҃гсвена т'ы
въ женахъ· 29 ѡна же сл'ыша
въши съмѧте сѧ о словеси
ѥго· і пом'ышлѣаше вь се
бѣ· како се бѫдетъ цѣлова
нье· 30 і рече ѥі аг҃лъ· не боі
сѧ марие· ѡбрѣте бо благо
дѣть ѿтъ ба҃· 31 і се зачьне
ши вь чрѣвѣ· і родиши сн҃ъ·
і наречеши імѧ ѥмоу іс҃·
32 сь бѫдетъ веліи· і сн҃ъ
в'ышьн҃ѣаго наречетъ сѧ·
і дастъ емоу гь҃ бъ҃· прѣсто
лъ дада оц҃а его· 33 і въцр҃итъ сѧ
въ домоу· іѣковл҃и· въ вѣк'ы·
і цр҃ствоу его не бѫдетъ ко
ньца· 34 Рече же мариѣ къ аг҃лоу·
како бѫдетъ се· іжде мѫ
жа не знаѭ· 35 і отъвѣшта
въ аг҃лъ рече еі· дх҃ъ ст҃ы
наідетъ на тѧ· і сила в'ы
шьн҃ѣаго ѡсѣнитъ тѧ· тѣмь
же і еже родитъ сѧ· ст҃о наре
четъ сѧ сн҃ъ бж҃іи· 36 і се ѥли
савьть· ѫжика твоѣ· і та
зачьнетъ въ старость
своѭ· і сь м҃ць шест'ы
естъ еі· нарицаемѣі непло
дъви· 37 ѣко не ізнеможе
тъ ѿтъ ба҃ вьсѣкъ гл҃ъ· 38 рече
же марьѣ· се раба гн҃ѣ· бѫ
ди м'нѣ по гл҃оу твоемоу·
і отиде ѿтъ н҃еѧ аг҃лъ·
39 въставъши же мариѣ въ
т'ы дни· іде въ горѫ съ
тъштаньемь· въ градъ
іюдовъ· 40 і вьниде въ домъ
захаріинъ· і цѣлова ѥли
савьть· 41 і быстъ ѣко оу

слꙑша ӗлисавьть· цѣло
ваньѥ маріино· вьзигра
сѧ младьньць радоштами
вь чрѣвѣ еѩ· і̆ исплъни сѧ
д҃хомь ст҃ꙑмь ӗлисавь
ть· 42 і̆ възъпи гласомь ве
льемь і̆ рече· бл҃гна тꙑ
вь женахъ· і̆ бл҃гсвенъ
плодъ чрѣва твоего· 43 і̆ отъ
кѫдоу се· да придетъ мати
г҃и моего къ мнѣ· 44 се бо ѣко
бꙑстъ гласъ· цѣлова
нѣ твоего· въ оушью моею
вьзигра сѧ младѣништь
радоштами вь чрѣвѣ моемь·
45 і̆ блажена ѣже вѣрѫ ѩтъ·
ѣко бѫдетъ съвръшенье·
гл҃анꙑмъ ѿтъ г҃ѣ· 46 і̆ рече
мариѣ· величитъ д҃ша моѣ
г҃ѣ· 47 і̆ вьздрадова сѧ д҃хъ
мои· о бѕ҃ѣ сп҃ѣ моемь· 48 ѣко при
зьрѣ на съмѣренье рабꙑ сво
еѩ· се бо ѿтъ селѣ блажѧтъ
мѧ вьси роди· 49 ѣко сътвори
мьнѣ величие силънꙑ·
і̆ ст҃о і̆мѧ ӗго· 50 і̆ милость
ӗго въ родꙑ і̆ родъ боѩштиі
мъ сѧ его· 51 сътвори дръжа
вѫ мꙑшьцеѭ своеѭ· ра
сточи гръдꙑѩ мꙑсльѭ
сръдьца і̆хъ· 52 низъложи си
лънꙑѩ съ прѣстолъ· і̆ вь
знесе съмѣренꙑѩ· 53 алчѫ
штаѩ і̆сплъни благъ· і̆ бо
гатѧштаѩ сѧ отъпоусти тъ
штѧ· 54 приѩтъ іл҃ѣ ѿтрока
своего· помѣнѫти мило
сть· 55 ѣкоже гл҃а къ о҃цемъ на
шимъ· ӑврамоу і̆ сѣмене
ӗго до вѣка· 56 прѣбꙑстъ же

мариѣ съ неѭ· ѣко три м҃цѧ
і възврати сѧ въ домъ
своі· 57 ӗлисавети же і
сплънишѧ сѧ дьнье родити
еі· і роди снъ· 58 і сл'ꙑша
шѧ о̆кръстъ живѫштеі· і ро
жденье еѩ· ѣко вьзвели
чил'ъ естъ г҃ь· милость сво
ѭ съ неѭ· 59 і б'ꙑстъ въ осмꙑ
дьнь· придѫ о̆брѣзатъ о̆тро
чѧте· і нарицаӑхѫ е· іме
немь о҃ца своего захариѩ·
60 і отъвѣштавъши м҃ти его
рече· ни· нъ да наречетъ сѧ
імѧ ӗмоу іоанъ· 61 і рѣшѧ еи·
ѣко никътоже ӗстъ отъ рожде
ньѣ твоего· іже нарицаетъ
сѧ іменемь тѣмь· 62 пома
каӑше же о҃ць его· како би хо
тѣлъ нарешти е· 63 і испрошь
дъштицѫ напса· гл҃ѧ· іоанъ
естъ імѧ ӗмоу· і чюдишѧ
сѧ емоу в'си· 64 отврьзошѧ
же сѧ оуста его ӑбье· і ѩз'ꙑ
къ ӗго· і гл҃аӑше· бгсвестѧ б҃а·
65 і бꙑ на всѣхъ страхъ·
живѫштиіхъ о̆кръстъ іхъ·
і вьсеі стрѣнѣ іюдѣісц'ки·
повѣдаеми бѣӑхѫ вси гл҃и
сіи· 66 і положишѧ вси сл'ꙑ
шавъшеі на ср'дьцихъ сво
іхъ· гл҃ѭште· чьто оубо
о̆трочѧ се бѫдетъ· і рѫка
г҃нѣ бѣ съ нимь· 67 і захариѣ
о҃ць его· іспл'ьни сѧ д҃хомь
ст҃ъімь· і пророчьство
»ва гл҃ѧ: 68 Бл҃гсн҃ъ г҃ь б҃ъ
»іл҃евъ· ѣко посѣти і сътво
»ри ізбавленье людьмъ
»своімъ· 69 і въздвиже ро

»гъ сп҃еньѣ нашего· въ домоу
»давѣ· ѿтрока своего· 70 Ѣкоже
»гл҃а оуст҄ы ст҃ъіхъ· сѫ
»штиіхъ отъ вѣка· пророкъ
»ѥго· 71 сп҃еньѥ ѿтъ врагъ на
»шихъ· іздржкы вьсѣхъ·
»ненавидѧштихъ насъ·
»72 Сътворити милость
»съ оц҃и нашими· і помѣ
»нѫти завѣтъ ст҃оі своі·
»73 Клѧтвѫ ѥѭже клѧтъ сѧ
»къ ȁврамоу оц҃ю нашемоу·
»дати намъ 74 бестраха· іздрж
»кы врагъ нашихъ ізба
»вльшемъ сѧ· Слоужити
»ѥмоу 75 прѣподобьемь· і пра
»въдоѭ прѣдь нимь вьсѧ
»дьни живота нашего· 76 І т҄ы
»отрочѧ пророкъ в҄ышьнѣго
»наречеши сѧ· прѣдъідеши
»бо прѣдъ лицемь гн҃емь·
»оуготовати пѫть его·
»77 дати разоумъ сп҃еньѣ
»людемъ его въ оставле
»ньѥ въ отъпоуштеньѥ грѣ
»хъ нашихъ 78 милосрьды
»ради милости б҃а нашего·
»вь нихъже посѣти насъ·
»въстокъ съ в҄ыше 79 просвѣ
»тити сѣдѧштаѩ въ тьмѣ
»і в҄ сѣни съмрътьнѣі
»направити ног҄ы нашѧ на
пѫть миренъ· 80 отрочѧ же ра
ст҄ѣаше· і крѣплѣаше сѧ
дх҃омь· і бѣ въ поуст҄ынѣхъ·
до дьне ȁвленьѣ своего
къ ілю· коц·

II. CODEX MARIANUS

The Codex Marianus (Mar.) is a Glagolitic parchment manuscript of 174 ff. which was taken by the Russian scholar V. Grigorovič in 1845 from the monastery of the Holy Virgin on Mount Athos to Russia. It is now preserved in the Lenin Public Library in Moscow, with the exception of ff. 1–2, which found their way to F. Miklosich and after his death to the Nationalbibliothek in Vienna where they now are. The manuscript contains an incomplete *tetraeuangelion* (Matt. v. 23–vi. 16 [= ff. 1–2]+Matt. vi. 17–John xxi. 17). The linguistic characteristics of Mar. are referred to in § 10 of the Introduction. It was probably written in Macedonia in the late tenth or early eleventh century. The edition of Mar., important for its glossary and its study of the language of the manuscript, we owe to V. Jagić, *Quattuor evangeliorum versionis palaeoslovenicae codex Marianus glagoliticus*, Berlin and St. Petersburg, 1883.

(*a*) *Mark* i

ЄВАНЬꙈЕЛИЄ ОТЪ МАРЪКА ⁘

I

1 Зачѧло еваньꙉ҇лиѣ и-
сх҃ва сн҃а б҃жиѣ. 2 ѣкоже
естъ писано въ проро-
цѣхъ. се азъ посълѭ
анꙉ҇лъ мои прѣдъ лицемъ
твоимъ. іже оуготовитъ
пѫть твои. 3 гласъ въпиѭщаа-
го въ поустꙑни. оуготовите пѫть
гн҃ь. правꙑ творите стьѕѧ его.
4 бꙑстъ иоанъ кръстѧ въ поустꙑ-
ни. і проповѣдаѩ кръштение пока-
анию. въ отъпоуштение грѣхомъ.
5 і исхождааше къ немоу вьсѣ июде-
иска страна и ерл҃мне и кръштаа-
хѫ сѧ вьси въ іоръдансцѣи рѣ(цѣ)

отъ него ісповѣдаѭште грѣхꙑ
своѩ. 6 бѣ же иоанъ облъченъ вла-
сꙑ вельбѫждї. і поѣсъ оу-
снѣнъ о чрѣслѣхъ его. і ѣдь акри-
ди и медъ дивии. 7 І проповѣда-
аше гл҃ѧ. грѧдетъ крѣплеи мене
въ слѣдъ мене. емоуже нѣсмъ
достоинъ поклонь сѧ раздрѣшити.
ремене чрѣвиемъ его. 8 азъ оубо
кръстихъ вꙑ водоѭ. а тъ кръ-
ститъ вꙑ дх҃омъ ст҃ꙑмъ ⁘ кⷰ ⁘
9 І бꙑстъ въ дьни тꙑ. приде і-
с҃ъ отъ назарета галилеиска-
аго. і кръсти сѧ отъ иоана въ іорданѣ.
10 і абье въсходѧ отъ водꙑ. і видѣ ра-
зводѧшта сѧ нб҃са. і дх҃ъ ѣко голѫ-
бь сходѧштъ на нь. 11 і бꙑстъ гла-
съ съ нб҃се. тꙑ еси сн҃ъ мои възлю-
бленꙑ. о тебѣ благоволихъ. 12 і абье
дх҃ъ изведе и вь поустꙑнѭ. 13 і бѣ
тоу въ поустꙑни .к҃. дьнъ. іскоуша-
емъ сотоноѭ. і бѣ съ звѣрьми. і
ан҃ѣли сло(у)жаахѫ емоу. 14 по прѣдани-
и же иоановѣ ⁘ приде іс҃ъ въ галилеѭ.
Проповѣдаѩ еван҃ѣлие цс҃твиѣ б҃жи-
ѣ 15 гл҃ѧ. ѣко испльни сѧ врѣмѧ. і при-
близи сѧ цс҃рствие б҃жие. каите сѧ и
вѣроуите въ евн҃ѣлие. 16 ходѧ же при
мори галилеисцѣ. видѣ симона
і аньдрѣѭ братра того симона.
въметаѭшта мрѣжѧ вь море.
бѣашете бо рꙑбарѣ. 17 і рече има і-
с҃ъ придѣта вь слѣдъ мене. і съ-

творѭ въı бъıти ловьца чло-
вѣкомъ. 18 ı абье оставльша мрѣ-
жѧ своѩ по немь идете. 19 ı прѣше-
дъ отъ тѫдоу оуꙁьрѣ ıѣкова ꙁеве-
деова. ı иоана братра его. ı та
въ ладии ꙁавѧꙁаѭшта мрѣжѧ.
20 ı абье въꙁъва ѣ. ı оставльша
отьца своего ꙁеведеа въ ладий
съ наемьникъı. по немь идете. ·:·
21 І вьнидѫ въ каперънаоумъ. ı абь
въ соботъı на соньмищи оуча-
ше ѩ. 22 ı дивлѣахѫ сѧ о оучении его
бѣ бо оучѧ ѣко власть імъı. ı не ѣко кь-
нижъници ихъ ·:· 23 І бѣ на соньми(щи)хъ чл҃къ
нечистомь дх҃мь. ı въꙁъва гл҃ѧ 24 оста-
ни что естъ намъ и тебѣ. ıс҃е наꙁарѣни-
не пришелъ еси п(ог)оубитъ насъ. вѣмь тѧ
кто еси ст҃ъı бж҃ии. 25 ı ꙁапрѣти емоу
ис҃ъ гл҃ѧ. оумлъчи иꙁиди иꙁ него.
26 ı сътрѧсъ ı дх҃ъ нечистъıи. ı въ-
ꙁъпивъ гласомъ велиемь ıꙁи-
де иж него. 27 ı оужасѫ сѧ вьси. ı съ-
тѧѕахѫ сѧ къ себѣ гл҃ѭште. чь-
то оубо естъ се. что оучение ново-
е се. ѣко по области дх҃мъ нечистъı-
мъ велитъ и послоушаѭтъ его.
28 І иꙁиде слоухъ его абие во вьсѫ
странѫ галилеискѫ. 29 ı абье ише-
дъше и-съньмишта. придѫ въ до-
мъ симоновъ и аньдрѣовъ. съ ı-
ѣковомъ и оаномъ. 30 Тъшта же
симонова лежаше огнемь жего-
ма. ı абие гл҃ашѧ емоу о неи. 31 ı при-

стѫпь въздвиже ѭ емъ за рѫ-
кѫ. ι остави ѭ абие огн҃ь. ι слоу-
жааше имъ. 32 поздѣ же бывъшю.
егда захождаше слъньце. при-
ношаахѫ къ немоу вьсѧ недѫжъ-
ныѩ и бѣсъныѩ. 33 ι бѣ весь
градъ събьраль сѧ къ двъремъ.
34 Ι исцѣли мъногы недѫжьны
ιмѫштѧ различьны ѩѕѧ.
ι бѣсы мъногы ιзгъна.
ι не оставлѣше гл҃ати бѣсъ. ѣко ви-
дѣахѫ и·:· 35 Ι ютро пробрѣзгоу ѕѣло.
въставъ изиде ис҃ъ и иде въ поусто
мѣсто. ι тоу молитвѫ дѣаше. 36 ι гъ-
нашѧ и симонъ и иже бѣахѫ съ нимь.
37 ι обрѣтъше и гл҃ашѧ емоу. ѣко вьси и-
штѫтъ тебе. 38 ι гл҃а имъ идѣмъ
въ ближьнѧѩ вьси и грады. да и тоу
проповѣмь. на се бо изидъ. 39 ι бѣ про-
повѣдаѩ на сънъмиштихъ ихъ. въ
вьсеи галилеи. ι бѣсы изгонѧ. ·:·
40 Ι приде къ немоу прокаженъ молѧ и.
ι на колѣноу падаѩ и гл҃ѧ емоу. ѣко а-
ште хоштеши можеши мѧ иштисти-
ти. 41 ιс҃ же милосрдовавъ просте-
ръ рѫкѫ коснѫ и. ι гл҃а емоу хощѫ ишти-
сти сѧ. 42 ι рекъшю емоу. абие отиде
проказа отъ него. ι чистъ бысть.
43 ι запрѣщь емоу абие изгъна й. 44 ι гл҃а
емоу блюди сѧ никомоуже ничесоже
не рьци. нъ шедъ покажи сѧ архиере-
ови. и принеси за очиштение твое.
еже повелѣ моси въ съвѣдѣние и-

мъ ·:· 45 онъ же ишедъ начѧтъ пропо-
вѣдати мъного. і проносити сло-
во. ѣко к томоу не можааше ѣвѣ въ
градъ вьнити. нъ вьнѣ въ поустѣ-
хъ мѣстѣхъ бѣ. і прихождахѫ къ
немоу отъ късѫдѣ ·:·

(*b*) *Mark* xiv–xv

XIV

1 Бѣ же пасха
и опрѣснъци по дъвою дьноу. і искаахѫ
архиереи и кънижьници како и лесть-
ѭ емъше оубиѭтъ. 2 гл҃ахѫ же нъ не въ
праздьникъ. еда како бѫдетъ млъ-
ва людемь. 3 і сѫштю емоу въ ви-
тании. въ домоу симона прокаже-
нааго. вьзлежѧштю емоу приде же-
на. імѫшти алавастръ хризмы.
нарьдьны пистикиѩ драгы. і҆ съ-
кроушьши алавастръ възлиѣ емоу
на главѫ. 4 бѣахѫ же едини негодѫѭ-
ште вь себѣ и гл҃ѭште. вь чемъ
гыбѣль си хризмьнаѣ бысть.
5 можааше бо си хризма продана
быти. вѧште три сотъ пѣнѧѕъ. і҆
дати сѧ ништиимъ и прѣштаахѫ е-
и. 6 іс҃ же рече останѣте еѩ по чьто ѭ
троуждаате. добро бо дѣло съдѣ-
ла о мьнѣ. 7 вьсегда бо ништѧѩ и-
мате съ собоѭ. і егда хощете мо-
жете имъ добро творити. а мене

не вьсегда имате. 8 еже имѣ си съ-
твори ·:· варила естъ похризми-
ти тѣло мое на погребение. 9 аминь
гл҃ѭ вамъ. идеже колижьдо проповѣ-
дано бѫдетъ евн҃глие се. вь вьсе-
мь мирѣ. и еже сътвори си. гл҃ано
бѫдетъ въ памѧть еѩ ·:· 10 июда иска-
риотъскы единъ отъ обою на десѧ-
те. іде къ архиереомъ да и прѣда-
стъ имъ. 11 они же слышавъше въ-
здрадоваша сѧ. і обѣщаша емоу съре-
брьникы дати. и искааше како и въ
подобьно врѣмѧ прѣдастъ. 12 и въ прь-
вы дьнь опрѣснькъ. егда пасхѫ жь-
рѣахѫ. гл҃ашѧ емоу оученици свои къ-
де хоштеши шедъше оуготовимъ да ѣ-
си пасхѫ. 13 і посъла дъва отъ оучени-
къ своихъ. и гл҃а има идѣта въ градъ
и сърѧштета вы чл҃вкъ. въ скѫдь-
льницѣ водѫ носѧ. по немь идѣта. 14 і и-
деже аште вънидетъ рьцѣта гн҃оу до-
моу. ѣко оучитель гл҃тъ. къде естъ
обитѣль идеже пасхѫ съ оученикы
своими сънѣмъ. 15 і тъ вама покаже-
тъ горьницѫ велиѭ. постьланѫ
готовѫ. тоу оуготоваита намъ. 16 і и-
зидете оученика его и придете въ гра-
дъ. и обрѣтете ѣкоже рече има. и оуго-
товасте пасхѫ ·:· 17 і вечероу бывъ-
шоу приде съ обѣма на десѧте. 18 і въ-
злежѧштемъ имъ. і ѣдѫштемъ ре-
[ре]че ис҃ъ. амин гл҃ѭ вамъ. ѣко еди-
нъ отъ васъ прѣдастъ мѧ. ѣды съ

мъноѭ ⁘ 19 Ѡни же начѧсѧ скръбѣти и тѫ-
жити. і гл҃ати емоу единъ по единомоу.
еда азъ. і дроугꙑи еда азъ. 20 онъ же отъ-
вѣштавъ рече имъ. единъ отъ обою на
десѧте. омочии съ мъноѭ въ соли-
ло. 21 сн҃ъ же оубо чл҃вчскꙑ идетъ ѣкоже
естъ писано о немь ⁘ Горе же чл҃вкоу
томоу имъже сн҃ъ чл҃вчскꙑ прѣда-
атъ сѧ. добро би емоу было. аште не
би родилъ сѧ чл҃вѣкотъ ⁘ 22 І ѣдѫште-
мъ имъ приемъ ис҃ъ хлѣбъ. бл҃гслове-
штъ прѣломи. і дастъ имъ и рече.
приимѣте се естъ тѣло мое. 23 і приимъ
чашѫ хвалѫ въздавъ дастъ имъ.
і пишѧ отъ неѩ вьси. 24 и рече имъ се естъ
кръвь моѣ новааго за[ва]вѣта. проли-
ваема за мъногꙑ ⁘ 25 Аминь же гл҃ѭ
вамъ. ѣко юже не имамъ пити отъ
плода лозънааго. до того дьне егда
пьѭ ино въ цс҃рствии б҃жии. 26 і въспѣ-
въше изидѫ въ горѫ елеонъскѫ ⁘
27 І гл҃а имъ ис҃ъ ѣко вьси съблазните
сѧ о мьнѣ вь сиѭ ноштъ. писано бо е-
стъ. Поражѫ пастꙑрѣ. и овъцѧ ра-
збѣгнѫтъ сѧ. 28 Нъ по томь егда вь-
скрьснѫ варѭ вꙑ въ галилеи. 29 пе-
тръ же рече емоу. и аште вьси събла-
знѧтъ сѧ нъ не азъ. 30 і гл҃а емоу ис҃ъ.
Аминь гл҃(ѭ) ти. ѣко тꙑ дьнесь вь сь-
ѭ ноштъ. прѣжде даже въторицеѭ.
кокотъ не възгл҃аситъ. три кратꙑ
отъвръжеши сѧ мене. 31 онъ же излиха
гл҃лаше паче. аште ми сѧ ключитъ

съ тобоѭ оумьрѣти. не отъвръгѫ сѧ
тебе. такожде и вьси гл҃аахѫ. 32 При-
дѫ вь весь еиже имѧ ѣетъсимани.
ı гл҃а оученикомъ своимъ. сѧдѣте
съде доньдеже шедъ помолѭ сѧ. 33 ı
поѩтъ петра и иѣкова. ı оана съ со-
боѭ. и начѧтъ оужасати сѧ и тѫжи-
ти. 34 ı гл҃а имъ прискръбьна естъ д҃ша
моѣ до съмръти. пожидѣте съде и
бьдите. 35 и прѣшедъ мало паде на
земли. и молѣаше сѧ да аште въ-
зможьно естъ мимо идетъ отъ
него часъ. 36 ı гл҃аше авва отцъ. въ-
сѣ възможьна тебѣ сѫтъ. мимо
неси чашѫ сиѭ отъ мене ⁘ Нъ не ѣко
азъ хоштѫ нъ еже ты. 37 ı приде ı обрѣ-
те ѩ съпѧштѧ. и гл҃а петрови. си-
моне съпиши ли. не възможе едино-
го часа побъдѣти. 38 бьдите и моли-
те сѧ да не вьнидете въ напасть.
дх҃ъ бо естъ бьдрь а плътъ немо-
штьна. 39 ı пакы шедъ помоли сѧ
тожде слово рекъ. 40 и възврашть
сѧ обрѣте ѩ пакы съпѧштѧ. бѣ-
ашете бо имъ очи тѧготьнѣ. ı не
оумѣхѫ чьто бѫ отъвѣштали е-
моу ⁘ 41 I приде третиици. и гл҃а и-
мъ. съпите прочее и почиваите.
приспѣ коньчина приде часъ. се
прѣдаатъ сѧ сн҃ъ чл҃вчскы въ рѫ-
цѣ грѣшьникомъ. 42 въстанѣте идѣ-
мъ. се прѣдаıаи мѧ приближи сѧ
43 ı абие еште емоу гл҃ѭштю. приде июда

єдинъ отъ обоѭ на десѧте. и съ ни-
мь народъ мъногъ. съ орѫжии и дрѣ-
кольми. отъ архиереи и кънижъни-
къ и старецъ ·⁘· 44 Дастъ же прѣдаѩи є-
го знамение имъ гл҃ѧ. єгоже аште
лобъжѫ имѣте и тъ єстъ. и ведѣте
съхраньно. 45 і пришедъ абие пристѫпь
къ немоу гл҃а. равви равви. і обло-
бъıза и. 46 они же възложишѧ рѫцѣ на
нь и ѩсѧ и҆. 47 єдинъ же отъ стоѩшти-
хъ. ізвлъкъ ножъ оударн раба архи-
єреова. і оурѣза ємоу оухо. 48 і отъвѣ-
штавъ ис҃ъ рече имъ. ѣко на разбои-
ника ли изидете съ орѫжьемь и дръ-
кольми ѩти мѧ. 49 по вьсѧ дьни бѣ-
хъ въ васъ оучѧ въ цр҃кве и не ѩсте
мене. нъ да събѫдѫтъ сѧ кънн-
гъı. 50 і оставьше и вьси бѣжашѧ.
51 і єдинъ юноша єтеръ по немь иде. о-
дѣнъ въ плаштаницѫ нагъ. і ѩ-
сѧ и юношѧ. 52 онъ же оставь плашта-
ницѫ. нагъ бѣжа отъ нихъ. 53 і вѣ-
сѧ ис҃а къ архиереови. і сънидѫ сѧ
къ немоу вьси архиереи і старьци
и кънижъници. 54 і петръ іздалече
въ слѣдъ єго иде. до вънѫтрь
въ дворъ архиереовъ и бѣ сѣдѧ съ
слоугами и грѣѩ сѧ при свѣшти. 55 а-
рхиереи же и весь сънемъ. іскаахѫ
на ис҃а съвѣдѣтельства да и оубь-
ѭтъ. і не обрѣтаахѫ. 56 мънозн бо лъ-
же съвѣдѣтельствоваахѫ нь҃. і не
бѣахѫ равьна съвѣдѣтельства

57 І едини въставъше лъжѫ съвѣдѣте-
льствоваахѫ на нь гл҃ще. 58 ѣко мы
слъıшахомы-и гл҃ѭшть. ѣко азъ
разорѭ цр҃квь сиѭ рѫкотворенѫѭ.
і трьми дьньми инѫ нерѫкотворе-
нѫ съзиждѫ. 59 і тако же не бѣ равъ-
но съвѣдѣтельство имъ. 60 і въста-
въ архиереи по срѣдѣ въпроси іс҃а гл҃ѧ
не отъвѣштаваеши ли ничесоже. чъ-
то сии на тѧ съвѣ(дѣ)тельствоуѭтъ.
61 онъ же млъчааше. і ничьсоже не
отъвѣштааше. Пакы архиереи
въпроси и и гл҃а емоу. ты ли еси
х҃ъ сн҃ъ бл҃гсвнааго. 62 іс҃ъ же рече а-
зъ есмъ. і оузьрите сн҃а чл҃скаа-
го. о деснѫѭ сѣдѧшта силы. і
грѧдѫшта съ облакы нбс҃кы-
ими. 63 архиереи же растръзавъ ри-
зъи своѩ гл҃а. что еште трѣбоуе-
мъ съвѣдѣтель. 64 слъıшасте бла-
сфимиѭ его. что вамъ сѧ авлѣ-
атъ. они же вьси осѫдишѧ и пови-
ньноу быти съмрьти. 65 і начѧсѧ
едини плькати на нь. і прикры-
вати лице его и мѫчити и. і гл҃а-
ти емоу. прорьци намъ х҃е кто естъ оу-
дареи тѧ. і слоугы биѭште за лани-
тѫ прѣѩсѧ и ⁘ 66 і сѫштоу петрови низоу
на дворѣ. приде едина отъ рабынь
архиереовъ. 67 і видѣвъши петра грѣѭ-
шта сѧ. вьзьрѣвъши на нь гл҃а. і
ты съ назарѣниномь исл҃ъ бѣ.
68 Онъ же отъвръже сѧ гл҃ѧ. не оумѣѭ ни

съвѣмь что ты г҃лши. ι изиде во-
нъ на прѣдъдворие. ι кокотъ въспѣ-
тъ. 69 ι видѣвъши и рабъıни пакъı на-
чѧтъ г҃лати къ стоѩштиимъ. ѣко
сь естъ отъ нихъ. 70 онъ же пакъı отъ-
метааше сѧ. ι не по мъногоу пакъı
стоѩщеи. г҃лаахѫ петрови. въı-и-
стинѫ отъ нихъ еси. ιбо галилѣа-
нинъ еси. ι бесѣда твоѣ подобитъ
сѧ. 71 онъ же начѧтъ ротити сѧ и клѧ-
ти сѧ. ѣко не вѣмъ ч҃лвка сего егоже г҃лте.
72 ι въторицеѭ кокотъ въспѣтъ. ι помѣ-
нѫ петръ г҃лъ иже рече емоу ис҃ъ. прѣжде
даже кокотъ не възг҃ласитъ дъва кра-
тъı. отъвръжеши сѧ мене три кратъı.
ι начѧтъ плакати сѧ.

XV

1 ι абье на оутрѣи
съвѣтъ сътворьше архиереи и старьци.
и кънижъникъı и весь сънемъ. съвѧ-
завъше ис҃а вѣсѧ. и прѣдашѧ и пилатови.
2 и въпроси и пилатъ. ты ли еси цс҃ръ и-
юдеискъ. онъ же отъвѣштавъ рече емоу.
ты г҃лши. 3 ι г҃лахѫ на нь архиереи мъ-
ного. онъ же ничесоже не отъвѣштаваа-
ше.
4 Пилатъ же пакъı въпрашааше и г҃лѧ.
не отъвѣштаваеши ли ничесоже. виждь
колико на тѧ съвѣдѣтельствоуѭтъ.
5 ιс҃ же к томоу ничесоже не отъвѣшта.

ѣко дивити сѧ пилатови. 6 на вьсѣкъ
же праздьникъ отъпоуштааше имъ.
единого съвѧзьнѣ егоже прошаахѫ.
7 бѣ же нарицаемꙑ варавва съ свои-
ми ковьникꙑ съвѧзанъ. иже въ ко-
вѣ оубииство сътворишѧ. 8 и възъпивъше
начѧсѧ просити ѣкоже присно творѣа-
ше имъ. 9 пилатъ же отъвѣшта имъ
гл҃ѧ. хоштете ли да отъпоуштѫ въ
[въ] цс҃рѣ июдеиска. 10 вѣдѣаше бо ѣко за-
висти ради прѣдашѧ и архиереи. 11 Архи-
ереи же помаанѫшѧ народоу. да паче
вараввѫ отъпоуститъ имъ. 12 Пила-
тъ же пакꙑ отъвѣштавъ рече имъ.
что оубо хоштете сътворьѭ егоже гл҃е-
те цс҃рѣ июдеиска. 13 они же пакꙑ възь-
пишѧ пропьни и. 14 пилатъ же гл҃аше
имъ что бо зъло сътвори. они же ли-
ше възъпишѧ пропьни и. 15 Пилатъ же
хотѧ народоу похоть сътворити. поу-
сти имъ вараввѫ. и прѣдастъ ис҃а
бивъ. да и пропьнѫтъ ⁘ 16 Воини же
вѣсѧ ис҃а вънѫтрь на дворъ. еже е-
стъ прѣторъ. и призъвашѧ вьсѫ спи-
рѫ. 17 и облѣшѧ и въ прапрѫдъ. и възло-
жишѧ на нь съплетъше трьновъ вѣ-
нецъ. 18 и начѧсѧ цѣловати и. радоуи
сѧ цс҃рю июдеискъ. 19 и биѣхѫ и тръсть-
ѭ по главѣ. и пльваахѫ на нь. и прѣ-
гꙑбаѭште колѣна кланѣахѫ сѧ емоу.
20 и егда поржгашѧ сѧ емоу. съвлѣшѧ съ
него прапрѫдъ. и облѣшѧ и въ ризꙑ
своѩ. и извѣсѧ и да пропьнѫтъ и. ⁘

21 і задѣшѧ мимо ходѧштоу единомоу
симоноу кѵрѣниноу грѧдѫштю съ се-
ла. о҃тцоу алексѧдровоу. и рѵфовоу.
да вьзъметъ к҃стъ его. 22 и привѣсѧ и
на мѣсто голъгота еже естъ съка-
заемо краниеко мѣсто. 23 і даѣхѫ е-
моу пити оцътъно вино. онъ же не при-
ѩтъ. 24 і пропьнъше и раздѣльше ри-
зꙑ его меташѧ жрѣбиѩ о нѧ. кто
что вьзьметъ. 25 бѣ же година трети-
ѣа. і пропѧсѧ и. 26 і бѣ написание винꙑ
его написано ц҃ръ июдеискъ. 27 і съ ни-
мь пропѧшѧ дъва разбоиника. еди-
ного о деснѫѭ. а дроугааго о шюѭ его.
28 і събꙑстъ сѧ писаное еже г҃лтъ. і
съ безаконьникома причътенъ бꙑ-
стъ. 29 і мимо ходѧштеи хоулѣахѫ и.
і покꙑваѭште главами своими.
і г҃лште оува. разарѣѩи ц҃рквь. и трь-
ми дьньми съзидаѩ 30 съпаси сѧ са-
мъ. і съниди съ к҃рста. 31 такожде и а-
рхиереи рѫгаѭште сѧ съ кънижъни-
кꙑ. дроугъ къ дроугоу г҃лаахѫ. інꙑ
съпасе. али себе не можетъ съпа-
сти 32 х҃ъ ц҃ръ издаилвъ. да сънидетъ
нꙑнѣ съ к҃рста. да видимъ и вѣрѫ име-
мъ ⁘ і пропѧтаѣ съ нимь поношааше-
те емоу. 33 Бꙑвъши же годинѣ шестѣи.
тъма бꙑстъ по вьсеи земи до девѧ-
тꙑѩ годинꙑ. 34 і въ девѧтѫѭ годинѫ
възъпи іс҃ъ гласомь велиемь г҃лѧ.
елѡи елѡи лима савахтани. еже естъ
съказаемое б҃же б҃же мои въскѫѭ мѧ

остави. 35 і едини отъ стоѩштихъ. слы-
шавъше гл҃аахѫ. виждь илиѭ глаша-
атъ. 36 текъ же единъ исплънь гѫбѫ о-
цьта. і вьзнезъ на тръсть напаѣше
и гл҃ѧ. не дѣите да видимъ. аште при-
детъ илиѣ сънѧтъ его. 37 іс҃ же поѹщь гла-
съ велии издъше. 38 і опона црк҃внаѣ
раздъра сѧ на дъвое съ вꙑше до ниже.
39 Видѣвъ же сотьникъ стоꙗи прѣмо емоу.
ѣко тако вьзъпивъ издъше. рече въ і-
стинѫ чл҃къ сь сн҃ъ б҃жии бѣ. 40 бѣахѫ же
и женꙑ издалече зьрѧштѧ. въ ни-
хъже бѣ и мариѣ магдалини. і мари-
ѣ иѣкова малаего. і мати иосиова.
і саломи. 41 ꙗже егда бѣ въ галилеи
по немь хождаахѫ и слоужаахѫ емоу.
і инꙑ мъногꙑ въшедъшаꙗ сь ни-
мь въ илм҃ъ. 42 і юже поздѣ бꙑвъшю.
Понеже бѣ параскевьѣии пасцѣ. еже е-
сть къ соботѣ ⁖ 43 Приде иосифъ отъ ари-
матѣꙗ. благообразенъ съвѣтьникъ.
іже и тъ бѣ чаꙗ цр҃ствиѣ б҃жиѣ. і дрь-
знѫвъ въниде къ пилатоу. і проси
тѣла ис҃ва. 44 пилатъ же диви сѧ аште оу-
же оумьрѣтъ. призъвавъ сътьника а-
ште оуже оумьрѣтъ. 45 і оувѣдѣвъ отъ ке-
нтуриона. дастъ тѣло иосифови. 46 і коу-
пль плаштаницѫ и сънемъ-и обитъ-
и въ плаштаницѫ, і въложи въ гробъ.
іже бѣ исѣченъ отъ камене. і привали
камень на двьри гробоу ⁖ 47 Мариѣ же
магдалини. і мариѣ иосиова. зьрѣа-
шете къде и полагаахѫ ⁖ к҃ ⁖

III. CODEX ASSEMANIANUS

The Codex Assemanianus (Ass.), a Glagolitic manuscript of 158 parchment folia, was bought from Orthodox monks in Jerusalem in 1736 by the Syrian Christian Joseph Assemani, whose nephew S. E. Assemani left it to the Vatican Library where it is now preserved. Ass. is an evangelistary (*aprakos* gospel) or collection of the gospel passages read in the liturgy, followed by a menology or calendar of Saints' days (ff. 112^{b}–158). From the fact that the menology commemorates several Macedonian Saints (including Methodius' disciple St. Clement of Ohrid) the manuscript is presumed to have been written in Macedonia. It probably dates from the eleventh century, but perhaps (as J. Vajs believes) from the tenth. The two nineteenth-century editions of this manuscript are not entirely satisfactory (F. Rački, *Assemanov ili Vatikanski evangeljistar*, Zagreb, 1865 [in Glagolitic]; I. Črnčić, *Assemanovo izborno evangjelje*, Rome, 1878 [in Latin transcription]) and have now been superseded by the excellent edition of Vajs and Kurz, which includes a photographic facsimile as well as a Cyrillic transcription of the whole text: J. Vajs–J. Kurz, *Evangeliarium Assemani*, Tomus I, Prague, 1929, Tomus II, Prague, 1955.

John i. 1–17

ѥ҇ва ѡⷮ҇ нⷩ҇о

1. Исконі бѣ слово (и) слово бѣ оу б҃а· и б҃ъ бѣ слово· **2.** се бѣ
и҃скони оу б҃а· **3.** вьсѣ тѣмь бъıшѧ· и҃ бежнего нічесоже не
бъıстъ· е҃жє бъıстъ : **4.** въ томь живот бѣ· и живот бѣ
свѣтъ ч҃лкмъ· **5.** и҃ свⷮѣ въ тьмѣ свътітъ сѧ· и тьма е҃го
не о҃бѧт· **6.** бⷭ҇ъı ч҃лкъ посъланъ ѡⷮ ба· и҃мѧ є҆моу и҃ѡа҃нъ· **7.** сь
пріде въ сьвѣдѣтелство да съвѣдѣтельствоуе҃тъ ѡ҃ свѣтѣ
да вс(и) вѣрѫ. мѫтъ е҃моу **8.** не бѣ т(ъ) (с)вⷮѣ нъ да сьвѣ-
дѣтельствоуетъ о свѣтѣ **9.** бѣ свѣт истінън(ъ). іже просвѣ-
шта(ет)ъ въсѣкого. л идѫштааго въ.. ръ · **10.** въ мірѣ бѣ
и міръ тѣмъ бⷭ҇ъı· и весь міръ его не **11.** прііѧтъ **12.** е҃лі-
коже ихъ прііѧтъı· дастъ имъ о҃бласть· чѧдомъ б҃жіем бъıті·
вѣроуѭ҃щіи҃мъ въ и҃мѧ є҆го· **13.** іже не ѡⷮ кръве ни ѡⷮ похоті
плътьскъıѩ· ні ѡⷮ похоти мѫжьскъи· нъ ѡⷮ б҃а родішѧ сѧ·
14. и҃ слово плъть бъıстъ· и҃ въселі сѧ вⷭ҇нъи : и відѣхомъ

CODEX ASSEMANIANUS, fol. 81 b

славѫ его · славѫ ꙗко иночѧдаго ѿ оца · исплънь благо-
дѣти и истин(ъ)і · 15. иоанъ съвѣд(ѣ)тельствоуѥть о немъ
и в.(з)ьва глѧ сь бѣ (е)гоже рѣхъ грѧдꙑ по м.нѣ
прѣдъ мъноѭ бꙑс · ꙗко прьвѣи мене бѣ · 16. и ѿ исплъ-
ненїꙗ его мꙑ вьсі прїѧсомъ благодѣть въз благодѣть · 17.
ꙗко мосеомъ законъ данъ бꙑстъ · благодѣть и истіна ·
ісхомъ бꙑсть ⁘ · —

IV. THE KIEV MISSAL

The Kiev Missal (also known as the Kiev Folia [Киевские Листки, Kyjevské listy, etc.]) (Kiev Miss.) consists of seven parchment folia of small format which were brought from Jerusalem to Kiev in the mid-nineteenth century and are still preserved there in the National Library of the Ukraine. The Glagolitic text contains an incomplete sacramentary (or collection of the variable prayers of the Mass) according to the Roman rite. The liturgiological researches of C. Mohlberg have shown that Kiev Miss. is a translation of a version of the Gregorian Sacramentary which probably dates from the seventh century; in his edition of Kiev Miss. (see below) Mohlberg has printed a Latin text (from a manuscript in the University Library at Padua) which, if not the precise original of Kiev Miss., is extremely close to it, corresponding often in detail to the Slavonic text. The fact that this sacramentary follows the Roman rite and not the Greek makes it probable that the translation was already made in the Cyrillo-Methodian period: for we know (cf. Introduction, § 2) that the Saints cultivated good relations with Rome and were working in a region which had hitherto known only Western ecclesiastical influence. Similar conclusions are suggested by the linguistic character of the manuscript. Kiev Miss. is unique among the older OCS monuments in that it shows certain marked West Slavonic characteristics. CS *tj* (*kt'*), *dj* appear consistently as *c*, *z* (as against the Bulgaro-Macedonian *št*, *žd*); *stj* appears as *šč* (as against *št*); the regular form for the instr. sing. of masculine and neuter *o*-stems is *-ŭmĭ*. The last two characteristics are found equally in West and East Slavonic; but the presence of *c*, *z* < *tj*, *dj* is decisive. This phenomenon is found only in Czech.[1] The vocabulary also shows numerous Western elements: *mĭša*, *papežĭ*, *vŭsǫdŭ* (see Introduction, § 3), *prěfacija* : Lat *praefatio*; *oplatŭ* : Lat *oblata*; *poganĭskŭ* : Lat *paganus*. Certain errors in the text make it likely that the preserved manuscript is a copy; but the extremely archaic and regular character of the language (especially in the correct use of the jers and nasals), together with the fact that the Glagolitic letters are of a more archaic type than those of any other manuscript, allow us to ascribe the preserved version of Kiev Miss. to the middle of the tenth century and to regard it as in all probability a copy of an original written in Moravia by one of Methodius' disciples. The text of Kiev Miss. has often been printed, in whole or in part. The edition by Jagić, with a photographic facsimile of the whole manuscript, may be regarded as the standard one: V. Jagić, *Glagolitica. Würdigung neuentdeckter Fragmente*, Vienna, 1890 (reprinted from *Denkschriften der kaiserlichen Akademie der Wissenschaften*

[1] J. Stanislav notes that *z* < *dj* also occurs in dialects spoken in the extreme south-western corner of Slovakia (M. Weingart, *Československý typ cirkevnej slovančiny*, ed. J. Stanislav, Bratislava, 1949, p. 36, n. 1). The other Slovak dialects have *dz* < *dj*.

in Wien, Hist.-Phil. Klasse, xxxviii). We may also note that, already referred to, by C. Mohlberg, *Il messale glagolitico di Kiew* (*sec. IX*) *ed il suo prototipo romano del sec. VI—VII* (= *Atti della Pontificia Accademia Romana di Archeologia*, ser. III, memorie, vol. 2, 207–320), Rome, 1928. A reconstruction of the Latin original by K. Gamber may be found in M. Hellmann *et al.* (ed.), *Cyrillo-Methodiana. Zur Frühgeschichte des Christentums bei den Slaven*, Cologne and Graz, 1964, pp. 367–71.

(*a*) *ff.* 1b–2b 6 *in Glagolitic*

[illegible]

(*b*) *ff.* 1[b]–4[b] *in Cyrillic transcription*

Въ и҃в҃ дьнь клімента

Б҃ъ іже нꙑ · лѣ́та огрѩдѫцѣ
блаженаго климента мѫ-
ченіка твоего і папежа
чьстьѭ веселіші : пода́-
зь міlостівꙑ̑ · да̀ егоже
чьсть чьстімъ · сіло́ѭ
оубо мѫчени́ѣ его наслѣдоуе-
мъ :·: г҃мь :·: **Надъ оплатмь**

Рованиѩ̑ г҃і прінесенꙑиѩ
свѩті · і ходатаѭ̆цю
блаженоумоу климентоу
мѫченикоу твоемоу · си́мь
нꙑ́ отъ грѣхъ҃ скврьностиі
нашіхъ очісті : г҃мь :

Прѣфациѣ : До вѣчьнꙑ̑ б҃же
Чьстьна́го климента зако-
ньні́ка і мѫчені́ка чьс҃ті
чьстѩце · іже оутѩ̆же бꙑ-
ті блаженоу̑моу апо́сто-
лоу твоемоу пе́троу· въ, ї-
нокості подроугъ · въ, испо-
вѣді оученікъ · въ чьсті на-
мѣстьні́къ · въ мѫчениі̀ на-
слѣдьні́къ: х҃мь г҃мь нашмь:

По късѫдѣ:·:

Тѣ́лесе свѩтаго і прѣдра-
гꙑиѩ̑ кръве напльнені̀ въ-
литиѣ просі́мъ г҃і б҃же нашь :

да еже милостивае обѣцѣнье носимъ · рѣснотивьнае издѣшенье обьмемъ : гмь ·:·

въ тъзе дьнь фелицтъи :

Подазь намъ просимъ тѧ вьсемогъйи бже · блаженъиѩ ради мѫченицѧ твоеѩ фелицитъй въкоупьнѫѭ молитвѫ : и тоѭзе ради зашчити нъй : гмь : НДЪ ОПЛ

На слоужьбъи люди твоихъ милостиѭ призьри · и . . . се нъй чьстьѭ свѧтъихъ чьстимъ : сътвори нъй радостьнъи · въ вѣчьнѣмь живот⟨ѣ⟩

по въсждѣ :·

Сьмѣрьно тѧ молимъ вьсемогъи бже · молитвами свѧтъихъ твоихъ · и тъи самъ бѫди · и даръ твои въсели въ нъй · и врѣмѧ наше въ правьдѫ постави :· гмь :·

мьшѣ на вьсѧ дьни вьсего лѣта обидѫцѣ :·

Бъ иже тварь своѭ вельми помилова · и по гнѣ-

вѣ своемь · изволі въ-
плътиті сѩ съпа́сениѣ ра-
ді чловѣчьска · і въсхо-
тѣвъ на́мъ оутвръді срь-
дьцѣ на́шѣ · і милостиѭ
твое́ѭ просвѣті нъй : г҃мь :

надъ ѡплатъмь ⁖

Блізъ на́съ бѫді г҃і про́сі-
мъ тѩ · і молітвѫ нашѫ
оуслъіиші · да̀ оупъвание́
⟨въ⟩ньме́мъ дѣла̑ своіхъ ·
і въ любъвь даръ сь те́-
бѣ пріносімъ : г҃мь ⁖

прѣфациѣ : вѣчьнъ̑і б҃же :

Небесьскъйѩ тво́ѩ сіль̑и
просі̆мъ і мо́лімъ · да̀ съ
въйшьні̆мі твоімі · до-
стоі̆нъи сътворіші нъй : і
вѣчьна́ѣ тво́ѣ іхъже жѩда-
емъ подӑсь на́мъ мілості-
вьно : х҃мь г҃мь на́шімь · імь

по въсждѣ ⁖

Про́сімъ тѩ г҃і дазь на́мъ ·
да̀ свѩ̆ты̑ твоі въсждъ
пріемлѭце до́стоіні бѫ̑-
демъ очі́шчениѣ твоего ·
і вѣ́ра твоѣ въ на́съ да въ-
здрӑстетъ : г҃мь нашімь і҃см

мьшѣ ·в҃· о҃ томьзе :·

Просімъ тѧ вьсемогꙑ҇ вѣ-
чьнꙑ҇ б҃же · прізьрі на мо-
літвѫ нашѫ · і вънѫ-
трьнѣѣ нашѣ очісті · ѣже
нъи соушѧтъ грѣхъ҇и наші-
мі : да̀ мілостиѭ твое-
ѭ ізбаві нъи : г҃мь наші

надъ о҃платъмь :

Сьі пріносъ прінесенꙑ҇ те́бѣ
г҃і просімъ тѧ пріи҃мі : і-
же е́сі благословестілъ
на съпасение́ наше : г҃мь наші :

прѣфациѣ : до вѣчьн б҃же :

Да сѧ те́бе дрьжімъ і міло-
сті твоеѩ҇ просімъ : прі-
зъвалъ нъи е́сі г҃і · да̀ испра-
ві нъи і̀ очісті : не на́ші-
хъ дѣлъ҇ раді · нъ обѣта тво-
его раді іже е́сі обѣцѣлъ
на́мъ : да възможемъ доу-
шѣмі і тѣлесъ҇и і мъисль-
мі на́шімі · пріѩти запо-
вѣді твоѩ : ѩже есі посъ-
лалъ къ намъ : х҃мь г҃мь на-
шімь · і̂мьже веліч҄ь :·

(по) въсждѣ ⁛

(С)въѧт͡ъі твоі въсждъ
г͞і іже ѥ́смъ възѧлі мо-
лімъ тѧ̀ · да очістітъ
(нъи о)тъ грѣх͡ъ нашіхъ : і
(къ не)бесьсцѣі любъві
(приве)детъ нъ̏и : г͞мь наш :

мьшѣ ·в· о томьзе ⁛

Просімъ тѧ въсемог͡ъі
б͞же да ѣкоже ѥ́смъ скръбьш
грѣх͡ъи нашімі : мілость-
ѭ твоеѭ отъ вьсѣхъ зъ-
лиі нашіхъ очісті нъй :
г͞мь ⁛ надъ о͞платьмь :

Прімі г͞і просімъ тѧ при-
носъ сѝ · прінесен͡ъі те́бѣ ·
избавленйѣ раді чловѣ-
чьска · і съдравіе на́мъ
да́зь · і доушѧ нашѧ і тѣ-
леса очисті · а̀ молітв(ж)
нашж прімі ⁛ г͞мь : прѣф

до вѣчьн͡ъі б͞же ⁛

Тъи ѥ́сі животъ на́шь г͞і о-
тъ небъитіѣ бо въ бъит(ие)
сътворілъ нъи есі · і от-
па́дъшѧ въскрѣсі пакъи ·
да̀ намъ не достоітъ тебѣ

съгрѣшаті : твоѣ же (сѫ-)
тъ вьсѣ · небесьскаѣ (і з)е-
мльскаѣ гі · да тъи (самъ)
отъ грѣхъ нашіхъ и(збави)
нъи : хмь гмь :·

по въсждѣ :·

(Д)азь нbackъ : вьсемогъі бже ·
да ѣкоже нъи есі небесьскъіми
піцѭ насътилъ : такозѣ
же і животъ нашь сіло
ѭ твоеѭ оутврьді : гмь :

мьшѣ :г :· о томьзе :·

(Ц)ѣсарьствѣ нашемь гі мі-
лостьѭ твоеѭ прізьрі :
і не отъдазь нашего тоу-
зімъ · і не обраті нась
въ плѣнъ народомъ пога-
ньскъімъ : ха раді гі на-
шего · іже цѣсарітъ съ отьи-
цемь і съ свѧтъімь :·

надъ оплатъмь :

(Т)воѣ цирkъваѣ тврьдь за-
(ш)чіті нъи гі · ѩже есі
образъмь своімь оуподобілъ · ѩже нъи чьсті-
(мъ) на бальство наше · то-
(г)о раді есі намъ вѣчь-
(н)ое обѣцѣние принеслъ :·
(гмь) нашімь :·

V. PSALTERIUM SINAITICUM

The Psalterium Sinaiticum (Ps. Sin.) is a Glagolitic manuscript, still preserved in the Monastery of St. Catherine on Mount Sinai. It contains, on 177 parchment folia, translations (from the Greek) of Psalms 1–137 (138 in the Hebrew and English Bibles) and is thought to have been written in Macedonia in the eleventh century. The edition of L. Geitler (1883), made on the basis of a transcription executed under difficult conditions in the monastery itself, has been superseded by that of S. Sever'janov, Синайская псалтырь, Petrograd, 1922, which was made from photographs of the manuscript and contains a glossary. A photographic reprint appeared at Graz in 1954.

(*a*) *Psalm* 3

III, 1 псалмъ
д҃вдовъ егда бѣгаше отъ лиц-а-
весалоума с҃на своего ⁓ ⁓ ⁓
2 Г҃i чьто сѧ оумьножишѧ сътѫ-
жаѭщие ми: Мнозi въста-
шѧ на мѧ:· Мнозiи вьста-
3 шѧ на мѧ: Мнози глѭтъ
д҃шi моеi нѣсть с҃пнь҃ѣ
ѣ л
о б҃зѣ его: дипса:
4 Ты же г҃i застѫпьникъ моi есi:
слава моѣ възнесе главѫ моѭ:
5 Гласьмь моiмъ къ г҃вi возь-
вахъ: И оуслыша мѧ отъ горъ-
ï с҃тыѧ . . . . своеѧ: ⁓
6 Азъ же оусънѫхъ ï съпахъ: въ-
стахъ ѣко г҃ъ застѫпитъ мѧ:
7 Не оубоѭ сѧ отъ тьмы лю-
деi: Нападаѭщiхъ на мѧ
окрьстъ: ⁓
8 Въскрьсни г҃i с҃пи мѧ б҃же мои:

ѣко т'ы поразі вьсѩ вражь-
дуѭщѩѩ мнѣ въсоуе:
.зѫб'ы грѣшьн'ыхъ съкроу-
шіл'ь есі: ⁓ ⁓
9 Г҃не ест'ь с҃пнье: и на людех'ь
твоіх'ь б҃лгословещвенье
твое: ⁓ ⁓

(b) *Psalm* 13 (14)

Въ конецъ псаломъ д҃вдъ: ⁓

XIII, 1 Ревe безоумен'ь въ ср'ьд'ьці
своім'ь нѣст'ь б҃а:· раст'ь-
лѣшѩ і омразішѩ сѩ въ на-
чінан'ыхъ . . . . . .:· нѣ-
ст'ь творѩі благост'ынѩ·:·
2 Г҃ь съ н҃бсі пріниче на с҃н'ы
ч҃лчѩ:· відѣті ѣште ест'ь
разоумѣваѩі лі въ.зиска-
ѩі б҃а: ⁓
3 Въсі оуклонішѩ сѩ въкоупѣ
неключімі бышѩ:· нѣ-
стъ творѩі благостъ-
інѩ нѣстъ до єдіного: ⁓
4 Ні лі разоумѣѭтъ въсі
творѩштеі безаконенъ:·
сънѣдаѭштеі люді мо-
ѩ въ хлѣба мѣсто г҃ѣ не пр-
і.зъвашѩ: ⁓ ⁓ ⁓
5 Тоу оустрашішѩ сѩ боѣзнь-
ѭ іже не бѣ боѣзні: ѣко
г҃ъ въ родѣ праведън'ыхъ:·

6 съвѣтъ ніштааго посра-
містe:· Гь҃ оупьваніе
емоу естъ:· ÷ ⁓ ⁓
7 Къто дастъ отъ сіона сп҃н-
8 е ісл҃ю:· егда възвра-
тітъ гь҃ плѣнъ людеі
своіхъ:· въздрадоуе-
тъ сѩ іѣковъ і҆ възве-
селітъ сѩ іл҃ь: ⁓ ⁓ ⁓

(*c*) *Psalm* 78 (79)

LXXVIII Пъсаломъ асафовъ ⁓

1 Бж҃е прідѫ ѩꙃꙑ-
ці въ достоѣніе
твое ⁓·
Ѡскврънішѩ
цірьковь ст҃ѫѭ
твоѭ ⁓· Положішѩ
іл҃ма ѣко овоштьное
хранілиште ⁓·
2 Проложішѩ троупие ра-
рабъ твоіхъ ⁓· бра-
шьно пьтіцамъ не-
бсн҃ымъ ⁓· плъті
прѣподобьнъıхъ
твоіхъ ꙃвѣремъ ꙃемь-
нъıмъ ⁓·
3 Пролишѩ кръви іхъ ѣко во-
дѫ окрьстъ іел҃іма ⁓·
і не бѣ пограбаѩі ⁓·
4 Бъıхомъ поношенію сѫсѣ-
домъ нашімъ ⁓· Подрѣ-

жаніе і поржганіѣ сѫ-
штімъ окръстъ насъ ⁓·
5 Доколѣ г҃і гнѣваеши сѧ
въ конець ⁓· Раждеже-
тъ сѧ ѣко огнь ръвеніе
твое ⁓·
6 Пролѣі гнѣвъ твоі на
ѩꙁꙑкꙑ не ꙁнаѭ-
штѧ тебе ⁓· и на цⷭ҇тва
ѣже імені твоего
не пріꙁꙑвашѧ ⁓·
7 Ѣко поѣсѧ іѣкова і мѣ-
сто его опоустишѧ ⁓·
8 Не помѣні нашіхъ беꙁако-
неней пръвꙑхъ ⁓· Ѩдро
варѩтъ нꙑ мілості
твоѩ г҃і ⁓·
Ѣко обьніштахъ ѕѣло ⁓·
9 помоꙁі намъ б҃же сп҃лю
нашъ ⁓·
Славꙑ раді імені
твоего г҃і іꙁбаві нꙑ ⁓·
Ї оцѣсті грѣхꙑ нашѧ
імені твоего раді ⁓·
10 Еда когда рекѫтъ ѩ-
ꙁꙑці къді естъ б҃ъ
їхъ ⁓· ї оувѣстъ сѧ
въ ѩꙁꙑцѣхъ ⁓··
прѣдъ оуіма нашима ⁓·
месть кровьви рабъ
твоіхъ пролитꙑѩ ⁓·
11 Да вьнідетъ прѣ-
дъ тѧ въꙁдꙑхані-

е окованыхъ ⁓· По вели-
чью мышьцѧ твоеѩ ⁓·
сънабьді сн҃ы оумръ-
штвеныхъ ⁓·
12 Въздаждь сжсѣдомъ
нашімъ ⁓· седмерицеѭ
въ нѣдра іхъ ⁓· Поношение-
мь імьже поносішѩ тебѣ ⁓·
13 г҃і ⁓· мы же людие твоі
і овьцѩ пажіті твоеѩ ⁓
Їсповѣмь сѩ тебѣ въ вѣкъ ⁓·
въ родъ і родъ възвѣсті-
мъ хвалы твоѩ ⁓·

(*d*) *Psalm* 120 (121)

Пѣснь степеньная : ⁓

CXX, 1 Възвѣсъ оуи моі въ го-
ры :) Отьнѭдѣже прі-
детъ помошть моѣ : ⁓
2 Помошть моѣ отъ г҃і :) Съ-
тв.рьшаато н҃ба ї землѭ : ⁓
3 Не даждь во съмѩтение но-
гы твоеѩ :) Ни да въздрѣ-
4 млетъ хранѩї тѩ :) Се
не въздрѣмлетъ ни
оусънетъ хранѩ-ї-илѣ : ⁓
5 Г҃ь съхранитъ тѩ :) Г҃ь по-
кровъ твої на ржкж де-
снжѭ твоѭ : ⁓
6 Вь день слъньце не ожеже-
тъ тебе :)

Ни лоуна ноштиѭ :⸗

7 Гь҃ съхранитъ тѧ ото вьсе-
го ꙁъла :) Съхранитъ дш҃ѫ
твоѭ г҃ь :⸗

8 Гь҃ съхранитъ въхождени-
е твое :) І ісхождение
твое :) Отъселѣ і до вѣка :⸗

VI. EUCHOLOGIUM SINAITICUM

The Euchologium Sinaiticum (Euch. Sin.) is a Glagolitic manuscript, comprising in all 109 ff., which is preserved in the Monastery of St. Catherine on Mount Sinai, with the exception of 4 ff. which are in the Leningrad Public Library. It is a euchology, or collection of prayers for various occasions (R. требник); in its original form it no doubt also included a service-book (R. служебник) with the prayers for the daily offices. It was probably written in Macedonia in the eleventh century. Geitler's edition (1882) is now superseded by that of J. Frček, *Euchologium Sinaiticum. Texte slave avec sources grecques et traduction française*, 2 vols., Paris, 1933 and 1939 (= R. Graffin (ed.), *Patrologia orientalis*, t. xxiv, fasc. 5, and t. xxv, fasc. 3) and by what is now the standard edition, including a photographic facsimile of the whole manuscript: R. Nahtigal, *Euchologium sinaiticum. Starocerkvenoslovanski glagolski spomenik*, I. del. *Fotografski posnetek*. II. del. *Tekst s komentarjem*. Ljubljana, 1941 and 1942.

(*a*) *ff*. 13ᵇ 19–15ᵇ 23

⁖ Мⷧ҇О ЕГДⷶ҇Я ХОТѦЩЕ ВИНОГРЯ
⁖ дъ садити ·/.
Ты еси х҃е виноградъ истинъ
ныи · ꙇ о҃ць твои дѣлате
ль естъ · ты своѩ ап҃лы
лозие нареклъ еси · ты ил҃ѣ
отъ еѵюп҇та прѣнесе · и изгъ
на ѩзыкы и насади ѩ · тако
жде и нынѣ · призьри на виногра
дъ съ · ꙇ насади и · ꙇ оукорени и · ꙇ
оуглѫби мⷧ҇сть твоѭ на нь · огра
ди и острогомь · Въходы и и
сходы его · ꙇзбави отъ снѣга ·
ꙇ отъ мраза · ꙇ отъ града но
сима боуреѭ вⷲ҇ ѣко милости
вы ч҃кл҄юбець б҃ъ еси · ꙇ тебѣ ·/.
⁖ Мⷧ҇О НЯ ГРОЗДЪМИ ВИНЯ НЯ
⁖ имание ·/.

Б҃же сп҃е нашъ · ıзволеи наре
щи сѧ · виноградомь · едино
чѧдааго с҃на твоего · ı б҃а г҃а наше
го ıс҃ха · ı плодъ бесъмрътенъ ·
Даровавъ намъ ıмь · ты пло
дось винънъı бл҃гви · Мⷧ҃тва
ми ст҃ыѩ бц҃ѧ · ı вс҃ѣхъ ст҃ы
хъ твоихъ · оугождьшиихъ тебѣ
отъ вѣка · вⷲ Благодѣтиѭ и ще
дротами · единочѧдааго с҃на ·/.

·:· Мⷧо НАЧѦТЬЮ ВИНОУ КЫСѢЛОУ ·/.

Г҃ı ıс҃хе б҃же нашъ · прѣложеи водѫ
въ вино · Въ канагалилѣискы
хъ брацѣхъ · ı славѫ своѭ авль
оученикомъ своимъ · ты и ны
нѣ посѣти · отъ ст҃аго жилища
своего · ı бл҃гви вино се · ı сътво
ри е во вс҃ѣко благорастворение ·
пиѭщиимъ · Да без вьсѣкоѩ
неприѣзнины дѣтѣли · пиѭще
е · славимъ тѧ · Дателѣ вс҃емоу
доброу приношенью · оц҃а и с҃на и с ·/.

·:· Мⷧо БЛⷢВЕНИЕ ДОМОУ И ХРАМОУ ·/.

Б҃же сп҃телю нашъ · съподо
блеи подъ кровъ закьхе
овъ вьнити · сп҃ение емоу
ı вс҃емоу домови его быти ·
по твоемоу прѣчистоумоу · ı бе
съмрътьноумоу гласоу · ıже
отъ ев҃листъ · Вс҃еленѣи въ
истинѫ проповѣда сѧ · ты и
нынѣ хотѧщаѩ сьде жи
ти · нами ı сими съмѣре

нъıми · і грѣшънъıми · мⷧ҇о
твъı приносѧщѧѩ · бл҃гви і про
слави · бес пакости · і врѣжденіѣ
вⷭ҇его житиѣ · въ храмѣ семь ·
ꙗвлѣѩ имъ твоими благъı
ми даръми · земънъıми · і
неб҃сънъıми · вⷳ҇ ѣко подобает
ти вⷭ҇ѣ слава · оц҃а и сн҃а · і ст҃аго ·/·

·:· мⷧ҇о нⷧ҇а вⷭ҇ѣцѣмь стадомь ·/·

В лко гі бж҃е нашъ · вⷭ҇едръжите
лю · істинънъı агнъче · въ
земⷧ҇и грѣхъı вⷭ҇его мира · не
прѣзьри дш҃ъ молѧщь сѧ тебѣ ·
чкⷠ҇юче къ тебѣ прибѣгаемъ · и
тебѣ сѧ молимъ · іволеи вѣ
чьнааго своего иѣкова · і оумъ
ножь его стада · і избавивъ і
отъ рѫкъı исаавовъı · і отъ
лаваановъı · і нъıнѣ изво
ли · і бл҃гви стадо се · і оумъно
жи е · на тъıсѧщѧ и на тъмъı · і
избави нъı и се · отъ насильѣ и
ноплеменьникъ · і отъ вⷭ҇его ча
са · съмрътънааго · съблюди е
ст҃ъıми аг҃лъı своими · і съ
подоби сътѧжавъшаго е · неза
видьливомь окомь · насла
ждати сѧ · отъ него · і хвалѫ те
бѣ приносити · вⷳ҇ благодѣтиѫ
и щедротами · единочѧдааго ·/·

·:· мⷧ҇о на зиколѣние ·/·

Б лгвенъ еси гі бж҃е оць наши

хъ · і бл҃гвено имѧ славъі
твоеѩ · і ст҃ое · бл҃гвенъ е
си г҃і б҃же · бл҃гвивъі · жрътвѫ
аврамлѭ · подъ дѫбомь ма
мьвриискъімь · і телець ма
кокъ · і овенъ дръжимъ
за рогъ · въ грьмоу саве
ковѣ · бл҃гвенъ еси б҃же оц҃ь на
шихъ · приемъі кадило заха
ръінно · і илиѩ вѣрънааго · вс҃е
плодъное · тако приими і сиѭ
жрътвѫ · въ вонѭ благоѫха
ниѣ · волъі ихъ тоучьнъі съ
твори · питѣниѣ ихъ оумъно
жи · стада ихъ многоплодъна
сътвори · въхождение ихъ и исхо
ждение · ѩ҃лъскоѭ силоѭ си о
гради · да вс҃егда вс҃ѣкъ дово
лъ имѫще · ізбъітъчьствоу
емъ · во вс҃ѣкомь дѣлѣ блазѣ ·
і тебѣ оугодъно · славѧще имѧ
твое · оц҃а и с҃на и ст҃ааго д҃ха · нъі ·.

(*b*) *ff.* 37a 21–37b 16

.:. м҃о лежѭще на ложи ·/.
отиди сотоно · отъ сихъ двь
рен · і отъ сихъ четырѣ ѫго
лъ · сьде тебѣ · нѣстъ мѣста ·
ни причѧстиѣ · сьде петръ · сьде
павелъ · сьде ст҃ое ев҃лие · сьде
азъ покланѣвъ сѧ · лещи хощѭ ·

Въ имѧ о҃ца и с҃тааго д҃ха · нынѣ ·/.
·:· М̑о Б҃ томоуждє ·/.
Въ имѧ г҃а нашего іс҃ха · Пос
ли въ мѧ с҃тыи твои д҃хъ · і въ
ложи оумъ въ с҃рце мое стааго
твоего д҃ха · Хранѧща д҃шѫ моѭ и
тѣло · і вс̑ѧ оуды тѣлеси моего ·
і вс̑ь животъ състава моего ·
отъ вс̑его зълодѣѣ · і отъ вс̑ѣко
ѩ сѣти неприѣзнинъı · і отъ вс̑ѣ
хъ съблазнѣ грѣховънꙑхъ ·
і наоучи мѧ тебѣ хвалꙑ въсꙑ
лати · о҃цю и с҃ноу и с҃тоумоу д҃хоу ·/.

(*c*) *ff.* 72^{a} 5–73^{a} 1

Г҃і б҃же вс̑емогъи · тебѣ бѫдѫ азъ и
сповѣденъ · Вс̑ѣхъ моихъ грѣхъ · і
моего лиха сътворениѣ сего · еже ко
лижъдо изг҃лахъ · И лихо сътвори
хъ · і лихо мъıслихъ · Г҃ломь ли
дѣломь · Ли помъıшлениемь ·
Вс̑его еже азъ помьнѭ · Любо
не помьнѭ · Ѣже азъ съвѣдꙑ
съгрѣшихъ · любо не съвѣдꙑ · нѫ
ждеѭ любо не нѫждеѭ · съпѧ ли
бьдѧ · лихоклѧтвꙑ · і лъжѧ · і въ
помꙑшлении неправедьнѣ · поу
стоши і блѧди · ѣкоже азъ колижъ
до сътворихъ · і вс̑ѣ из лиха · Вь ѣ
деньи · і вь питьи · і въ неправе
дьнѣмь съпаньи · Молѭ тѧ г҃і

б͞же мои · Да ты ми рачилъ · жи
вотъ и милость подати · Да и а
зъ непосра̑менъ прѣдъ очима
твоима бѫдѫ · і да и азъ еще на
семь свѣтѣ · моихъ грѣхъ пока
ѭ сѧ · і достоино покаание имѣ
ти могѫ · Ѣкоже твоꙗ щедроты
сѫтъ · В҇севлко г͞і · троице б͞же
в҇семогы · бѫди ми помощьни
къ · і бѫди ми подавъи҄ силѫ ·
і мѫдрость · і правьденъ ꙁа
мыслъ · і добрѫ волѭ · съ пра
ведъноѭ вѣроѭ · На твоѭ слоу
жъбѫ г͞і · Ты единъ на съ свѣ
тъ приде грѣшъникъ ізбавитъ ·
Бѫди мѧ с͞псы · ізбави мѧ
г͞і б͞же с͞не г͞і · Ѣкоже ты хощеши ·
ѣкоже ти любо · Сътвори съ мно
ѭ рабомь твоимь · милости
въи҄ · Ѥи б͞же · Рачи ми помощи
твоемоу рабоу · ты единъ вѣси
г͞і · Какы моꙗ сѫтъ бѣды ·
Вь твоѭ м̑͞исть прѣдаѭ азъ
мое ср͞це · і моѭ мысль · і
моѭ любовь · і мои животъ ·
і моꙗ грѣхы · отъложи · моѣ
словеса · і мое дѣло оконьча
и г͞і · і твоѭ м̑исть · Въ мн̑ѣ
грѣшънѣ рабѣ твоимь ави · і и
ꙁбави мѧ г͞і отъ в҇сего зъла
·:· нынѣ и присно и · вь вѣкы вѣк̑о ⁒.

VII. GLAGOLITA CLOZIANUS

The Glagolita Clozianus (Cloz.) consists of 14 ff. of Glagolitic text: these represent a small fragment of what must have been a vast menology (collection of lives of Saints and homilies appropriate to the festivals of the ecclesiastical year). They contain five homilies for Holy Week; the Greek originals of four of them have been identified and are reprinted in Vondrák's edition. The language of Cloz. has been referred to in the Introduction (§ 10). In view of the Serbo-Croat elements present in it, the fact that in the late Middle Ages the manuscript was preserved on the island of Krk (Veglia), where it belonged to the Frankopan family, is of particular interest. The manuscript is at present in the municipal museum at Trento in northern Italy, with the exception of 2 ff. which are in the Ferdinandeum at Innsbruck. Its designation comes from Count Paris Cloz (†1856) in whose library it was found by Kopitar, its first editor. The edition by V. Vondrák (*Glagolita Clozův*, Prague, 1893) has now been superseded by that of A. Dostál, *Clozianus. Codex palaeoslovenicus glagoliticus tridentinus et oenipontanus*, Prague, 1959.

ii. 24–77

ст҃го іоана хръсостома архіепіскоупа констѧтінѣ града
чь҃т въ велікꙑ четврътокъ. хотѣхъ патріарховѫ бесѣдѫ
къ вамъ простърѣті і отъ то... д҃ховъноѭ пиштѫ
вамъ въдати, нъ безоумье прѣдадителево на своѭ бе=
сѣдѫ ѩзꙑкъ нашъ (влѣ)четъ, і врѣ(мѧ) дьні семоу
бѫдітъ нꙑ безоумье его (і)зглаголати. дьнесь бо г҃ъ
нашъ і҃с х҃ъ прѣданъ бꙑстъ въ рѫкꙑ июдѣіскꙑ(ѩ)
оученікомь своімъ. нъ се слишѧ тꙑ (не) бѫ(ди) печалънъ,
за не прѣданъ бꙑстъ, нъ паче прослъзі сѧ і въздъхні,
не прѣданаего раді, нъ прѣдавъшаго раді. за не і х...ъ,
рече, відѣвъ іюдѫ, съмѧте сѧ. чесо раді съмѧте сѧ;
помꙑшлѣѩ, ѣко по толіцѣ оученіи въ какъ брѣгъ себе
въвръгъ не чюѣше. мілоуѩ оубо оученіка съмѧте сѧ.
сего раді въсьде гл҃ѫтъ еванѓелисті істінѫ. съмѧте сѧ
оубо зьрѧ безоумьѣ оученіча а нꙑ оучѩ тѣхъ паче
плакаті сѧ, творѧштихъ зъло, а не творѧштиі зъло·
творѧштеі бо зъло, ті сѫтъ страждѫштеі зьлѣ. і се
ѣвѣ гл҃аше х҃ъ· блажені изгънаніи правъдꙑ раді, ѣко

тѣхъ естъ цѣ҃срствіе не҃бское. відѣ лі, коликъ прібꙑтъкъ ѣві страждѫштімъ ꙃьлѣ; віждъ пакꙑ инъде творѧштимъ ꙃъло немилостівꙑѩ моукꙑ. послоушаи оубо блаженаго павъла гл҃ѭшта· вꙑ же, братьѣ , подобьні бꙑсте ц҃рквамъ б҃жіѣмъ сѫштимъ въ юдѣі о х҃ѣ іс҃ѣ, ѣко тажде пріѩсте і вꙑ отъ своихъ съплемен'никъ, ѣкоже і тꙑ отъ іюдѣі, оубівъшіхъ і г҃ѣ іс҃а і своѩ пророкꙑ і насъ ізгънавъшіхъ, възбранѣѭштіхъ, рече, ѩзꙑкомъ гл҃ати, да съпасѫтъ сѧ, вꙑ-испл(ъ)ніти імъ грѣхꙑ. постіже же въ ніхъ гнѣвъ до коньца . відѣ ли, ѣко тѣхъ подобаетъ паче рꙑдаті і плакати сѧ, творѧштихъ ꙃъло, а страждѫштихъ ꙃьлѣ блажити. сего раді и ч҃колюбець г҃ъ, ꙃьрѧ дрьꙃости оученичѧ, съмѫштааше сѧ, любовь ѣвлѣѩ, ѭже імѣаше на немь і показаѩ ч҃колюбьѣ своего великотѫ до самого прѣ(дан)ьѣ, вьсѣкѫ пользѫ творѣаше емоу. (не б)ѫді оубо печальнъ, брате, слꙑшавъ, ѣко іс҃ прѣданъ бꙑ҃с, нъ аште хоштеши, плачі сѧ горько і въꙃдъхні вел(ь)ми, не прѣданаго раді іс҃а, нъ прѣдавъшаго раді июдꙑ. прѣданъ бо іс҃ъ і вьселенѫѭ вьсѫ съпаслъ естъ, а прѣдавꙑ ию(да д҃шѫ своѭ погоубилъ естъ).

B. CYRILLIC TEXTS

VIII. TSAR SAMUEL'S INSCRIPTION OF 993

The Cyrillic Inscription of Tsar Samuel was made in 993 at the orders of Samuel, Tsar over Macedonia and Western Bulgaria from 976 to 1014. It commemorates the Tsar's deceased parents and brother and was inscribed on a marble slab. One corner of the slab has been broken off, but the missing letters and words can easily be supplied. This monument was discovered in the village of German near Lake Prespa in 1888. As it is dated it is of importance for the history of the Cyrillic alphabet. It has often been reproduced: a photographic facsimile may be found in A. M. Seliščev, Старославянский язык, i, Moscow, 1951, 75.

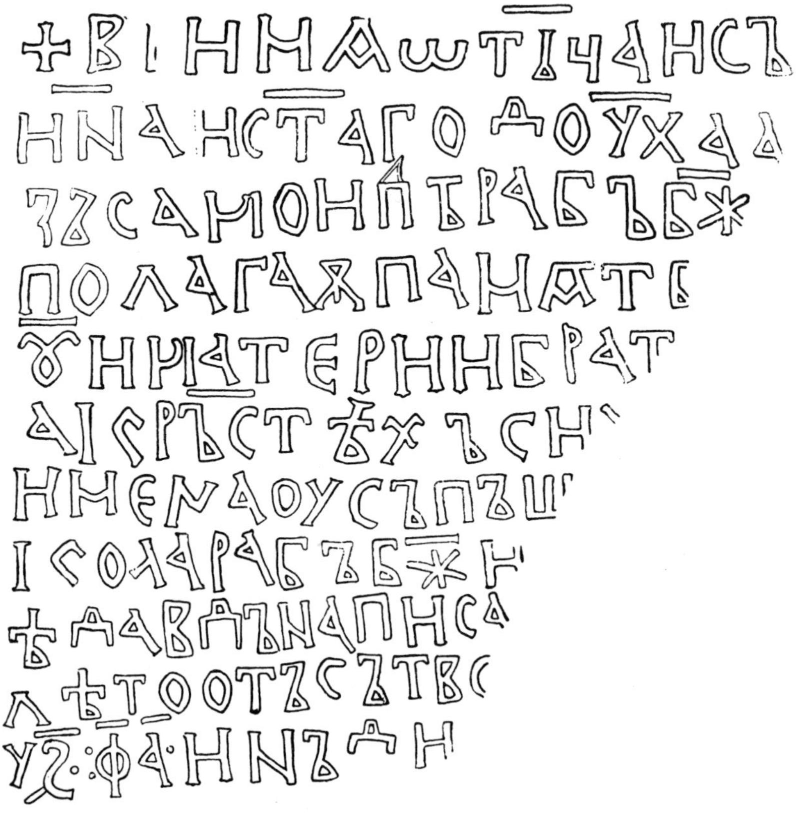

1. † в(ъ) имѧ ѿт҃ьца и съ-
2. ина и ст҃аго доу҃ха а-
3. зъ Самоиⷧ҇ рабъ бж҃(и)
4. полагаѭ памѧть (ѿтьц-)
5. ȣ҃ и матери и брат(ȣ и-)
6. а. кр҃ъстѣхъ си(хъ. се)
7. имена оусъпъш(ихъ Ни-)
8. кола рабъ бж҃и (Риѱими-)
9. ѣ Дав(ы)дъ. написа (же сѧ въ)
10. лѣто отъ сътво(рениꙗ миро-)
11. ѵ ҂ѕ ·: ф а · (6501—993). инъди(кта ѕ).

IX. SAVVINA KNIGA

Savvina Kniga (Savv. Kn.) is a Cyrillic manuscript of which 166 parchment folia have been preserved. Of these only 129 ff. contain the work of the original scribe. The manuscript contains an incomplete evangelistary and a *synaxarion*: it is estimated that the original may have consisted of about 200 ff. It takes its name from that of the scribe who may have written it, a certain 'popŭ Savva' to whom there are two references in the manuscript. Originally preserved in a monastery near Pskov, Savv. Kn. came to Moscow in unknown circumstances and is still preserved there in the Drevnechranilišče Centrarchiva R.S.F.S.R. It is likely that it was written in the eleventh century by a Bulgarian speaker, probably in north-eastern Bulgaria but perhaps north of the Danube. The edition of Sreznevskij (1868) has now been superseded by that of V. Ščepkin, Саввина книга, St. Petersburg, 1903 (with a glossary).

(*a*) *Matthew* viii. 5–13

Въ о҆но̑. пришъдъ і҃с въ каперънаоумъ.
припаде е҆моу. сътьникъ . молѧ е҆го
6 и҆ гл҃ѧ. г҃и о҆трокъ ми лежитъ въ хра
минѣ. о҆слабенъ жилами. лютѣ ѡ
ко мѫчѧ сѧ. 7 гл҃а е҆моу і҃с. азъ при
шъдъ и҆цѣлѭ і. 8 о҆тъвѣщавъ е҆моу съ
тьникъ рече. г҃и нѣсмь достоинъ да
ми подъ кровъ вънидеши. нъ толи
ко рьци слово и҆ и҆цѣлѣе҆тъ. слоуга мо
ї. 9 и҆бо азъ чл҃къ е҆смь подъ вл҃камн. и҆
мы подъ собоѭ воины. гл҃ѭ семоу и҆
ди и҆ ї҆детъ. и҆ дроугомꙋ при
ди и҆ придетъ. и рабоу свое҆
моу створи се и҆ створи тъ. 10 слъ
шавъ же і҃с. диви сѧ е҆моу и҆ рече идѫ
щимъ вь слѣдъ себе. ами̑ гл҃ѭ вамъ ни
въ з҃ли толикы вѣры о҆брѣтъ. 11 гл҃ѭ
же вамъ. ꙗко мнози о҆тъ въстока и҆
запада. придѫтъ и҆ възлѧгѫтъ съ

аврамомь. и ісакомъ и иꙗковомъ.
вь цр҃ствии нб҃снѣемь. 12 с҃нове же цр҃ь
ствиꙗ ижденѫтъ сѧ. въ тьмѫ кро
мѣшьнѫѭ. тоу естъ плачь и скрь
жьтъ ꙁѫбомъ. 13 и рече іс҃ сътъ
никови. иди ꙗко вѣрова. да бѫде
тъ ти. и исцѣлѣ слоуга его въ тъ часъ. —

(*b*) *Luke* ii. 1–20

Въ оно҃. 1 изиде повелѣние отъ
кесара авьгоуста. напсати всѫ вь
селенѫѭ. 2 се напсание бъıстъ вла
дѫщюмоу сириеѭ куриеѭ. 3 и идѣ
хѫ вси. къждо напсатъ сѧ въ свои
градъ. 4 вьꙁиде же иѡсифь. отъ гали
леꙗ града наꙁаретьска. въ июде
ѭ въ (гра)дъ дв҃ъ. иже нарицаетъ сѧ
видьлеомъ. ꙁане бѣ отъ домоу и
отъ о҃чьствиꙗ дв҃а. 5 напсати сѧ съ
мариеѭ. обрѫченоѭ емоу женоѭ.
сѫщеѭ непраꙁноѭ. 6 бъıстъ же ѥг
да бъıста тоу. испльниша сѧ дн҃и
е родити еі. 7 и роди сн҃ъ свои прьвѣнь
ць. и повитъ і. и положи вь ꙗсльхъ.
ꙁане не бѣ има мѣста въ обитѣли.
8 и бѣхѫ пастоуси въ тоіжде странѣ.
бьдѧще и стрѣгѫще. стражѫ нощь
нѫѭ. о стадѣ своемь. 9 и се агг҃лъ гн҃ь
ста вь нихъ. и слава гн҃ꙗ осиꙗ ѧ.
и боꙗшѧ сѧ страхомъ велиемь. 10 и
рече имъ агг҃лъ. не боите сѧ. се бо
благовѣстоуѭ вамъ радость ве

лиѭ. ꙗже бѫдетъ всѣмъ людьмъ.
11 ꙗко роди сѧ вамъ х҃ъ г҃ь. въ гра дв҃ѣ.
12 и҅ се вамъ знамение҅. о҅брѧщете мла
деньць повитъ. лежѧщь въ ꙗсле
хъ. 13 и҅ вьнезаапѫ бꙑстъ г҃ла агг҃ло
мъ. множъство воинъ н҃бскꙑхъ.
14 слава въ вꙑшьнихъ бо҃у. и҅ на земи
миръ вь ч҃лцѣхъ благоволение҅.
15 и҅ бꙑстъ ꙗко о҅тидѫ о҅тъ нихъ
агг҃ли на н҃бо и҅ ч҃лци. пастоуси рѣ
шѧ дроугъ къ дроугꙋ. прѣи҅дѣ
мь оубо до видьлео҅ма. и҅ видимъ
г҃лъ сь бꙑвъшии. и҅же г҃ь съказа
намъ. 16 и҅ придѫ подвигъше сѧ. и҅ о҅
брѣтѫ мариѭ же и҅ѡ҅сифа. и҅ мла
деньць лежѧщь вь ꙗсльхъ. 17 видѣ
вьше съказашѧ о҅ гласѣ. г҃ланѣмь
и҅мъ о҅ о҅трочѧте семь. 18 и҅ вси слꙑ
шавъшеи дивишѧ сѧ о҅ г҃ланꙑхъ.
о҅тъ пастоухъ къ нимъ. 19 мари
ꙗже съблюдаше вьсѧ г҃лꙑ сиѩ.
сълагаѭщи вь ср҃дци своемь. 20
и҅ възвратишѧ сѧ пастоуси.
славѧще и҅ хвалѧще б҃а. о҅тъ вь
сѣхъ ꙗже слꙑшашѧ видѣшѧ.
ꙗкоже г҃лано къ нимъ.

X. CODEX SUPRASLIENSIS

The Codex Suprasliensis (Supr.), a Cyrillic manuscript of which 285 ff. are extant, was discovered in a monastery at Supraśl near Białystok (Bělostok) by M. K. Bobrovskij in 1838–9. The finder sent the manuscript to Kopitar to be copied; ff. 1–118 were still in the latter's possession at his death and were sent to Ljubljana where they are now preserved in the University Library. The remainder (with the exception of the first 16 ff. which are now in the Saltykov-Ščedrin Library in Leningrad) found its way to Warsaw, where it was preserved until 1939 in the Biblioteka Zamoyskich. During the Second World War it disappeared but it was recovered in 1968. This longest of the preserved OCS manuscripts contains a menology for the month of March, comprising twenty-four lives of saints or other sacred legends, twenty-three homilies, and a prayer. Three items are versions of homilies also translated in Cloz. The language of Supr. has been referred to in the Introduction (§ 10). The first edition of Supr., made by Miklosich in 1851, has been superseded by that of S. Sever'janov, Супрасльская рукопись, St. Petersburg, 1904 (photographically reprinted in two volumes at Graz in 1956). A glossary to this manuscript was made by K. H. Meyer: *Altkirchenslavisch-griechisches Wörterbuch des Codex Suprasliensis*, Glückstadt and Hamburg, 1935; see also Alfons Margulìés, *Der altkirchenslavische Codex Suprasliensis*, Heidelberg, 1927.

Pope Gregory the Great

(Sever'janov's edition, pp. 119^{15}–124^{5})

мѣсѧца марта въ а҃і· житиѥ григора папы роумъска’го·

Блаженыи григории· поставьѥнъ
быстъ патриархъ· ст҃ѣи б҃жии цръ-
кви римьстѣи· а прѣжде патриаршъства·
цръноризъцъ бѣ въ манастыри· ст҃аа-
го апостола анъдреа· нарицаѥмааго
клиоскаура· близъ ст҃оую мѫченикоу·
їѡана и паула· бѣаше же игоуменъ то-
го манастырѣ· мати же ѥго блаженаꙗ си-
лвиꙗ· живѣаше близъ вратъ ст҃ааго пау-
ла апостола· на мѣстѣ нарицаѥмѣѣмъ
кела нова· Тъ же блаженꙑ григории· ѥг’-

да сѣдѣаше въ хызинѣ своѥи· и писаа-
ше· приде къ нѥмоу маломоштъ· мола и
и глагола· помилоуи ма рабе б҃а вышь-
нꙗго· ꙗко старѣишина бѣхъ кораб'никомъ·
и истопихомъ са и погоубихомъ много и-
мѣниѥ· и своѥ и стоужде· любоништи-
и же и по истинѣ рабъ христосовъ· призъ-
вавъ слоугѫ своѥго глагола ѥмоу· брате
шедъ даждъ семоу ѕ҃ златицъ· братъ же ше-
дъ сътвори ꙗкоже повелѣ ѥмоу рабъ божии
григории· и дастъ маломошти ѕ҃ златицъ·
и отиде· пакы оубо мало прѣмоудивъ въ
тъ жде день· приде тъ жде маломоштъ къ
блаженоуоумоу григороу глагола· помилоу-
и ма рабе б҃а вышьнꙗаго ꙗко много погоуби-
хъ· а мало ми ѥси далъ· Блаженыи же приз'-
вавъ слоугѫ своѥго глагола ѥмоу· иди брате
даждъ ѥмоу дроугѫѭ ѕ҃ златицъ· сътвори
же братъ тако· въземъ же ништии в҃і зла-
тицъ отиде· пакы же мало помоудивъ тре-
тиѥ въ тъ жде дьнь приде къ блаженоуоумоу
григорию глагола· помилоуи ма рабе бога
вышьнꙗ'го· даждъ ми дроугоѥ благословѣ-
ѥниѥ ꙗко много погоубихъ· Блаженыи же
призъвавъ слоугѫ своѥго глагола ѥмоу· иди
даждъ ѥмоу дроугѫѭ ѕ҃ златицъ· отъвѣ-
штавъ же глагола· вѣрѫ ми ими чьстьныи
отьче ꙗко нѣстъ остала ни ѥдина злати-
ца въ ризьници· глагола к нѥмоу блаженыи·
не имаши ли иного никакогоже съсѫда· ни
ли ризъна да даси ѥмоу· онъ же отъвѣшта-

въ рече· иного съсжда чьстьный отьче не
имамъ· развѣ сьребрьнааго блюда· иже
к посълала госпожда великаа съ коуциѭ·
глагола къ немоу рабъ бжии григорий· иди
брате даждъ кмоу блюдъ тъ· братъ же
сътвори ꙗкоже повелѣ кмоу блаженый·
и дастъ ништоуоумоу· ништий же възе-
мъ ві златицъ и сьребрьныи блюдъ отиде·
кгда же и поставиша патриарха стѣи црь-
кви римьстѣй· по обычаю патриаршь-
скоу· повелѣ сакеларoу своемоу въ кдинъ
дьнь· кдноѭ привести ві маломошти·
на трепезѫ своѭ да обѣдоуѭтъ сь нимъ·
сакеларий же сътвори ꙗкоже повелѣ кмоу
патриархъ· и призъва ві мѫжь ништъ·
и кгда сѣдоша съ патриархомъ· на трепе-
зѣ обрѣтоша сѧ гі· призъвавъ же сакела-
ра глагола кмоу· не бѣхъ ли ти реклъ ві по-
зъвати· то како без моего повелѣниꙗ
три на десѧте кси позъвалъ· сакеларь же
слышавъ· и пристрашенъ бывъ· отъвѣ-
штавъ рече к немоу· вѣроуи ми чьстьнъи
владыко· дъва на десѧте ихъ кстъ· тре-
тиꙗго на десѧте не видѣаше никътоже·
развѣ патриархъ кдинъ· обѣдоуѭште-
мъ же имъ· видѣаше патриархъ третиꙗ-
го на десѧте сѣдѧшта на край стола· и се
лице кго образы измѣнꙗше· овогда оубо
видѣти и бѣаше сѣда· овогда же отрока·
и кгда же късташа съ трепезы· ины вьсѧ
отъпоусти блаженый· а третиꙗго на де-

сате· видимааго тако чоудьна· а и за
ржкж· и вьведы и вь клѣть своѭ глагола
ѥмоу· заклинаѭ та о велицѣи силѣ вьсе-
дръжителѧ бога· повѣждь ми к'то т'ы
ѥси· и что ѥстъ имѧ твоѥ· онъ же рече
к нѥмоу· и ѥже въпрашаѥши имене мо-
ѥго· то и то чоудьно ѥстъ· обаче азъ ѥсмъ
оубог'ыи· пришед'ыи к тебѣ ѥгда бѣ
въ манаст'ыри с҃таго аньдреа апосто-
ла· нарицаѥмааго клиоскаръ· ѥгда сѣ-
дѣаше въ хызинѣ и писааше· ѥмоуже
да дъва на десяте златицъ· и сърebрь-
н'ыи блюдъ иже ти бѣ посълала съ коуци-
ѭ блаженаѩ сильвиа мати твоѩ· и да оу-
вѣси ѩко отъ дьне того отънѥлиже пода
ми съ дльготрьпѣниѥмъ· и простомъ
срьдьцемь· нарече та г҃ь патриархоу бы-
ти· свѧтѣи црькви своѥи· за ниже и крь-
вь своѭ пролиѩ· и быти ти прѣимьни-
коу· и намѣстьникоу врьховьнааго апо-
стола петра· глагола же к нѥмоу блаже-
н'ыи григории· како вѣси т'ы ѩко тъгда
нарече г҃ь быти мьнѣ патриархоу· онъ
же отъвѣштавъ рече· не ѥльма ли аггe-
лъ г҃а вьседрьжителѧ ѥсмъ азъ· то того
ради вѣдѣ· и тогда бо господь ма бѣ
посълалъ к тебѣ· искоусити оусрьдиѥ
твоѥ· аште оубо чловѣколюбьнѣ· а не
чловѣкомъ твориши видѣти милость
своѭ· Блаженыи же то слышавъ оубоѩ
са· не оубо бѣаше дотолѣ видѣлъ аггe-

61

ГЛАВѪ ѤМОУ ОТЪСѢЩТИ· ПРИИМѢЖЕ ОТЪВѢ
ТЪ· И ТЪШТАСѦ НА НЕБЕСЬСКЫИ ЦѢСАРЬСТВИ·
БЛАЖЕНЫИ ЖЕ КОДРАТЪ ПОѬАШЕ ГЛАГОЛѦ· БЛА
ГОСЛОВЛѤНЪ БЪ ИЖЕ НЕ ДАСТЪ НАСЪ НА ОУЛОВЕ
НИѤ ЗѪБОМЪ ИХЪ· И НѢКОТОРИИ ОТЪ ВЪСЛѢ
ДЪ ИДѪЩТАА БРАТИѦ· ПОѦХѪ ѤСЬ И НИ
И ДОЖИИДОМѢ СТАИ ДЕЖЕ ХОТѢАШЕ СЪКОНЬ
ЧАТИ СѦ· КОНЬЧАВЪ ЖЕ АМИНЪ И НАМНОЗѢ ПОМО
ЛИВЪ СѦ· И БЛАГОДАРЬСТВИВЪ БОГА· ПРѢКЛО
НИВЪ КОЛѢНѢ· И ВЪ ИѪЖ ПРОТАГЪ· ВЪ ДОБРѢ
ИСПОВѢДАНИИ· ІС ЧЕНЪ БЫСТЪ· НА СЛАВѪ
И ХВАЛѪ ХСОУ БОГОУ НАШЕМОУ· НЫНѢ И ПРИ
СНО И ВЪ ВѢКЫ ВѢКОМЪ ∵

МСЦА МАРТА ВЪ ДІ· ЖИТИѤ ГРИГОРА ПАПЫ РИМЬСКАГО

БЛАЖЕНЫИ ГРИГОРИИ· ПОСТАВЛѤНЪ
БЫСТЪ ПАТРИАРХЪ· СТѢИ БЖИИ ЦРЪ
КВИ РИМЬСТѢИ· А ПРѢЖДЕ ПАТРИАРШЪСТВА
ЧРЪНОРИЗЪЧЪ БѢ ВЪ МАНАСТЫРИ· СТАА
ГО АПОСТОЛА АНЬДРЕА НАРИЦАѤМАГО
КЛИВОСКАУРА· БЛИЗЪ СТОЮ МѪЧЕНИКОУ
ІѠАНА И ПАУЛА· БѢАШЕ ЖЕ ИГОУМЕНЪ ТО
ГО МАНАСТЫРѢ· МАТИ ЖЕ ЕГО БЛАЖЕНАѦ СИ
ЛЬВИѦ· ЖИВѢАШЕ БЛИЗЪ ВРАТЪ СТААГО ПАУ
ЛА АПОСТОЛА· НА МѢСТѢ НАРИЦАѤМѢѢМЬ
КЕЛАНОВА· ТЪЖЕ БЛАЖЕНЫИ ГРИГОРИИ· И Г
ДА СѢДѢАШЕ ВЪ ХЫЗИНѢ СВОѤИ· И ПИСАА
ШЕ· ПРИДЕ КЪ НЕМОУ МАЛОМОШТЬ· МОЛѦ И
ГЛАГОЛѦ· ПОМИЛОУИ МѦ РАБЕ БА ВЫШЬ
НѦГО· ѦКО СТАРѢИШИНА КѢХЪ КОРАБНИКОМ

CODEX SUPRASLIENSIS, fol. 61 a

ла· а҆к'ꙑ къ чловѣкоу бо бесѣдова и҆ възира
на нѥ· рече же а҆гг͡елъ къ блаженоуоумоу· не
бои҆ сѧ· се посълалъ мѧ ѥстъ г͡ь да бѫдѫ съ
тобоѭ въ житии҆ семъ· блажен'ꙑи҆ же слꙑ-
шавъ то о҆тъ а҆гг͡ела паде ницъ на земи·
и҆ поклони сѧ господоу гл͡ѧ· а҆ште малааго
того ради даа҆ниꙗ и҆ ничесоже сѫшта· толи-
ко множьство штедротъ показа о҆ мьнѣ
прѣмилостивꙑи҆ г͡ь· ꙗкоже а҆гг͡ела своѥго
посълати къ мьнѣ· бꙑти ѥмоу съ мно-
ѭ въи҆нѫ· какоѩ оубо слав'ꙑ съподобѧтъ
сѧ прѣбꙑваѭштии въ заповѣдехъ ѥго·
и҆ дѣлаѭште правдѫ· без лъжѧ бо ѥстъ ре-
к'ꙑи҆· ꙗко милость хвалитъ сѧ на сѫдѣ·
и҆ милоуѩи ништа въ заѥмъ даѥтъ богоу·
тъ же самъ а҆гг͡ельскꙑи господь· строѩи
чловѣчьскоѥ съпасениѥ· глаголѥтъ къ о҆
деснѫѭ стоѩштии҆ми· градѣте благо-
словл'ѥнии о҆тьца моѥго· прии҆мѣте оуго-
тованоѥ вамъ цѣсарьство· о҆тъ начѧла ми-
роу· а҆л'ченъ бо бѣхъ и҆ дасте ми ꙗсте· жѧ-
д'ьнъ бѣхъ и҆ напои҆сте мѧ· страненъ бѣ-
хъ и҆ наведосте мѧ· болѣхъ и҆ присѣтисте
мене· нагъ бѣхъ и҆ о҆блѣкосте мѧ· въ темь-
ници и҆ придосте къ мьнѣ· ѥльма оубо съ-
твористе ѥдномоу о҆тъ братиѩ сеѩ моѩ хоу-
д'ꙑѩ· то мьнѣ сътвористе· бѫди же вьсѣ-
мъ намъ почитаѭштии҆мъ же и҆ послоу-
шаѭштии҆мъ· оуслꙑшати блажен'ꙑи тъ
гласъ· и҆ вѣчьн'ꙑи҆хъ благ'ꙑнь· ѩже оуго-
това богъ любѧштии҆мъ и҆· да нꙑ съприи҆-

миникꙑ сътворитъ х҃с б҃гъ· прѣчистꙑѧ
ради матере ѥ҆го ст҃ꙑѧ богородица· ꙗ҆ко
томоу подобаатъ слава честь и҆ покла-
нꙗниѥ҆· нꙑнꙗ и҆ присно и҆ въ вѣкꙑ вѣко-
мъ· а҆мин·:·

C. TEXTS WITH MARKED LOCAL CHARACTERISTICS

XI. OSTROMIR'S GOSPEL-BOOK

Ostromir's Gospel-Book (Ostr.) is a Cyrillic manuscript of 294 parchment folia, now preserved in the Leningrad Public Library. It contains an evangelistary written in 1056–7 by the Deacon Grigorij for Ostromir, the *posadnik* of Novgorod. It is without doubt a copy of an original of East Bulgarian provenance; but the native Russian of the scribe has overlaid the original language, so that we find *u*, *ju* < *ǫ*, *jǫ*, *tŭrt*, *tŭlt*, *tĭrt*: OCS *trŭt*, *tlŭt*, *trĭt*, 3rd pers. sing. and plur. pres. ind. in *-tĭ*, &c. There is no modern edition of Ostr. The edition of A. Vostokov, Остромирово Евангелие 1056–1057 г., St. Petersburg, 1843, must be supplemented by the photolithographic reproduction which was made at the expense of the St. Petersburg merchant Ilja Savinkov: Остромирово Евангелие, St. Petersburg, 1883 and 1889.

John iii. 1–15

1. ВЪОНОВРѢМѦ·ЧЛО
ВѢКЪЕТЕРЪОТЪ
ФАРИСЕИ·ИМѦ
ѤМОУНИКОДИ
МЪ·КЪНѦЗЬИЮ
2. ДЕИСКЪ·СЬПРИДЕ
КЪІС҃ВИНОЩИѬ.И
РЕЧЕѤМОУРАВВИ+
ВѢМЬꙖКООТЪБ҃А
ѤСИПРИШЬЛЪОУ
ЧИТЕЛЬ+НИКЪТО
ЖЕБОНЕМОЖЕТЬ·

ꙁнамєнии сихъ
творити · ижє тꙑ
твориши · аще нє
бѫдєть б҃ъ съ нимь +
3. отъвѣщавъ іс҃ъ и рє
чє ѥмоу + аминъ а
минъ гл҃ѭ тєбѣ · а
щє къто нє родить
сѧ съ вꙑшє · нємо
жєть вѣдѣти цр҃ь
4. ствиꙗ бж҃иꙗ + гл҃а
къ нємоу никоди
мъ + како можєть
чл҃вкъ родити сѧ
старъ сꙑ + єда можє
ть въторицєѭ въ
ѫтробѫ въ лѣсти
мт҃рє своѥѩ ꙁ и роди
5. ти сѧ ꙁ отъвѣща іс҃ ·
и рєчє ѥмоу + амин
нъ аминъ гл҃ѭ тє
бѣ + ащє къто нєро

дитьсѧводоѭидх҃ъ
мь·неможетьвъ
нитивъцр҃ствобо
6. жиѥ✝рожденоѥбо
отъплътиплъть
ѥсть·ирожденоѥо
тъдх҃а·дх҃ъѥсть✝
7. недивисѧꙗкорѣ
хъти·подобаѥть
вамъродитисѧсъ
8. выше✝дх҃ъидеже
хощетьдышетьꙁ
игласъѥгослыши
шиꙁинъневѣсиотъ
кѫдоуприходить·
икамоидеть✝та
къѥстьвсакъроже
9. ныиотъдх҃а✝отъ
вѣщаникодимъи
речеѥмоу✝какомо
10. гѫтьсибыти✝отъ
вѣщаіс҃иречеѥмоу✝

тыѥсизоучитель·

иѕ҃лвъзисихъли

11. невѣсизаминъами

нъгл҃ѭтебѣ✝ꙗкоꙗ

жевѣмъгл҃емъ✝иѥ

жевидѣхомъсъвѣ

дѣтельствоуѥмъ·

исъвѣдѣтельства

нашегонеприѥмлѥ

12. те✝ащеѕемьнарѣ

хъвамъиневѣроу

ѥте·какоащерекѫ

вамънб҃есьнаꙗвѣ

13. роуѥте✝никътоже

въѕиденанб҃о·тъ

къмосъшьдыисъ

нб҃есесн҃ъчл҃вчь

скыи·сънинанб҃е

14. се✝иꙗкомоѵ̈си·въ

ѕнесеѕмиѭвъпоу

стыни·такоподо

баѥть·въѕнести

сѧсн҃оучл҃вчьскоу
15. оумоу + давсакъ
вѣроуꙗивънь не
погыбнеть · нъи
мать живота вѣ
чьнааго · ÷ · —

XII. THE PRAGUE FRAGMENTS

The text of the Prague Fragments (Prague Fr.) is printed here in full. These Glagolitic fragments are contained on two badly preserved parchment leaves that belong to the archives of the Chapter of St. Vitus Cathedral in Prague. The second leaf is held to be some fifty years older than the first, and both must have been written before the end of the eleventh century. They contain translations of liturgical texts, probably from the Greek. Linguistically they show several markedly Czech features, e.g. *c*, *z* < **tj*, **dj*, *-š-* in *v(ĭ)šěchŭ* for OCS *vĭsěchŭ*, retention of *dl*, gen. sing. of *ja*-stems in *-ě* (*b(ogorodi)cě*). It seems most probable that this text was copied (perhaps from a Bulgarian original) in the Sázava monastery in South Bohemia, where the Church Slavonic liturgy was maintained until 1096. The most noteworthy separate edition of Prague Fr. is that of V. Vondrák in *O původu kijevských listů a pražských zlomků*, Prague, 1904; but that of J. Kurz (in Weingart–Kurz, *Texty ke studiu jazyka a pisemnictví staroslověnského*[2], Prague, 1949) is based on a new collation with the manuscript, and is reproduced here. A photograph of the manuscript is contained in J. Vajs, *Rukověť hlaholské paleografie*, Prague, 1932.

I. A.

В. СВѢТІЛЪНѢ·
Слов . . . (д)ъ . . . єр . . .
. . . . . . овєт . . . . г҃и
. . . . . . оу(н)ъ съ . . . . . (ѣ)ко б҃ъ . .
п(р)ѣбл . . . п оп . . . . . т . . аною
тва . . . обн . . . слов . . . с . . . м . .
НꙖ ПРѢПОЛ . . . ЄНИЄ : СВ . . . И
отъ (ж)ивоносних . и . о . . . . . ъ
. . иснот(єк)оуц . є҃ по(ч) . . ън . . .
. . м(и) боуд . . . . . . вотъ
. . . ъ . . . . чловѣко . . б
СВѢТ . . . . НꙖ ПРѢОБР . . . . . .
Прѣобр(а)зи с(ѧ н)а гор(ѣ) х҃е б҃(е) . . . . з(а)в .
оученіком . с . оимъ . . . . оу
нѣмоу въ свѣтъ . .   об . . ц . . . . . . мѧ҃ г҃и

16 дх҃м . . н . . . (м)ъ : . . . твам . . . . е б҃ . м
17 сп҃си дш҃ѧ наш(ѧ) СВ҃Ѣ ВШ҃ѢХ' СТ҃Х'
18 хвалоу . . . . моу в . . . . . . (с)б(оро)
19 изволеници бо . . . . нб҃а ма(л)и и вели
20 ци : ѣко цѣсаритъ гь бъ҃ нашъ : радоуе
21 мъ сѧ и веселим'(с)ѧ дадим' славоу бо҃у :
22 СВѢТИЛ'НЯ · СЛѢПОМОУ : (((((((((
23 ОУм'нѣ . мои очи осл . пъноувш҃и г҃и : отъ м'н(о)
24 . а . . (грѣх)а : тъ . просвосвѣти : и ви . . .
25 ѥг(р)ѣши . . . . от . ми : съмѣренимъ
26 омъи . . . . слъз(а)ми моими : (((((
27 СВѢТИЛ' : НЯ ВЪЗНОШЕНИЕ : ((((
28 В(ъ)з . . . . . . (къ) оть(цоу) своемоу : ра(д)
29 . . . ъ . . . оученикомъ славо(ю)

I. B.

1 сво . іко хе҃ възнесе сѧ ⁘
2 просв(ѣ)ць вш҃ѣчьскаѣ :
3 СВ(Ѣ) : НЯ ПѨНтътикости (((
4 Пѩ(т)ътикостие ст҃аѣ грѩ
5 дѣт . : вш҃и почьтѣмъ дх҃ъ
6 ст҃ъи : приде бо оумоудрѣѩ
7 апостолъи : сего при
8 мѣмъ вш҃и : і поклони
9 мъ сѧ : емоу : ⌣ ⌣ СВѢТ
10 ИДЛЪНЯ : на розъсо : іѣн
11 Ѣко ветъхъи : і новъи
12 ходатаі : прѣдътеч
13 е хв҃ъ твоѩ : ѩдроѩ мо
14 длитвоу псъли намъ
15 хвалѩцимъ твое чь
16 стьное : бжьствьное ро
17 зъство : ((СВѢ : ЯПОСТ

ОЛѦ ПЕТРѦ : ((((((
Область отъ б҃а примъша
ст҃аѣ апостола прѣмоуд
раѣ · петре камени · вѣръ
павле мироу · оутвръзение
дъвоицею свѣтоносънаѣ
римъска похвало : СЕѢ : Н(Ѧ)
ПРѢСТАВЕНИЕ : БЦ҃Ѣ . (((
Прѣстави сѧ отъ земѧ
на небеса мати б҃жиѣ

II. A.

...... ан(т) ..... в҃ ⁖
а҃ : .... и҃ а҃ ⁖ .... е҃
...... (О)бидоу мѧ ѣко пси мнози
оудариша тѧ цѣсарю за лани
тоу оударенимъ въпрашахѫ
тѧ и лъжесъвѣстовахоу :
.... б҃ъ вънъми ⁖
. (н)т . ф . . . в҃ : пс҃а ⁖ н҃г : глас(ъ) в҃ :
..... (ѣ) .... вечери твоеи
х҃е оученикомъ твоимъ проѣвѣ
ваше единъ отъ васъ и прѣ
дастъ мѧ безаконьнъи же
іюда̂ не въсхотѣ разоумѣти ⁖
ж г҃і обидѧщ :
..... ъ ⁖ в҃ ⁖ .... к҃ : гласъ : ѕ҃ : ..... ъ
пѣло и ⁖ Слово законопрѣстоу
пъно възложиша на мѧ тъи же
г҃и не остави мне нъ помилѫи нъ(и)
(С)ѣдид(лъ)н(а) . . . съ и
(К)аѣ та къзниюдо наоусти прѣ
дати спасъ еза лика апо

22 столъскаго тѧ отълоучи
23 еза дара цѣление тѧ лиши
24 еза съ онѣми вечерѣвъ ⟨т⟩а

II. B.

1 отъ[тра]рин(оу[п])езъи отъри(н)оу . . .
2 онѣмъ н(о)зѣ оумъивъ тв . . . . .
3 зрѣ: ѡ колика блага не (п)омъ
4 нѣ твоѣ (ж)е бесхвалънаѣ во
5 лѣ обличат(ъ) тѧ а того не
6 мѣрное [л]милос(ръд)и проповѣ
7 стъ сѧ и велиѣ [л]милости ⁘
8 Блаженна: гласъ ⁘ ⁘ (г):
9 Дрѣва ради ад(а)мъ раѣ въ . . .
10 ⁘ исел[ен]ъ дрѣвъ . . . . крижъ
11 ⁘ нъмъ разбо(ин)никъ и въ раи
12 ⁘ въселди (с)ѧ овъ бо вѣкоу
13 ⁘ шъ заповѣд[ъ] прѣстоупи съ
14 ⁘ творъшаго и а дроугъи проп(ѧ)
15 ⁘ тъ сѧ бга тѧ исповѣдаше таѧ
16 ⁘ цаг(о) сѧ: помѧни мѧ спсе[а] егда
17 ⁘ придеши въ цѣсаръствие свое ⁘
18 Творьца законоу отъ оученика
19 коупиша правъд(ъ)наго и
20 ѣко б(е)законъникъ и пила
21 тови на соудишчи постави
22 ша въпъюце распъни мѧнъ
23 ноую насъицъшаго сиѣ въ поу
24 стъини мъи же правъд(ъ)

XIII. THE FREISING TEXTS

In a Latin codex now preserved in the Staatsbibliothek at Munich, but formerly in the Cathedral at Freising, three short Slavonic texts in the Latin alphabet are written on ff. 78 and 158–60. They are known as the Freising Texts (Freis.) or Freising Monuments (Slovene *Brižinski spomeniki*). All three are related to the theme of confession; they comprise a confessional formula, a homily, and a prayer. Palaeographic grounds make it probable that they were written down between 972 and 1039. The language appears to be a hybrid of OCS and early Slovene; but the orthographical system is based on that of Old High German. The texts may have been originally recorded in Carinthia (where the Bishop of Freising had estates) by German priests; they are ultimately connected with the Cyrillo-Methodian literary and linguistic tradition. The precise origins and linguistic character of Freis. remain obscure. They have been admirably edited (with photographic facsimiles) by F. Ramovš and M. Kos, *Brižinski spomeniki*, Ljubljana, 1937. The text here printed follows Weingart–Kurz, op. cit.

I

f. 78a GLAGOLITE PONAZ. REDKA ZLOUEZA:

Boſe gozpodi miloztiuv́i. otze boſe. tebe izpovuede.
vuez moi greh. I′ zuetemu creztu. I′ zuetei marii. Ī zue
temu michaelu. Iuuizem crilatcem boſiem. I zuetemu pe
tru. Iúzem zelom boſiem. Iúzem muſenicom boſiem.
Iúzem vuernicom boſiem. Iúzem. devuám praudnim. Iúzē
praudnim. Itebe boſirabe. chokú. biti izpovueden. uzeh. moih.
greh. I′ vueruiú. da mi. ie. nazem zuete. beuſi. iti ſe. na oń
zuet. pakiſe uztati. nazodni den. Ímeti mi ié. ſivuot́
pozem. I′meti mi ie. otpuztic moih grechou. Boſe
miloztiuvi. primi moiv. izpovued. moih grechou. Eſe
iezem ztuoril zla. pot den pongeſe bih nazi zvuet.
v́uuraken. i bih criſken. Eſe pomngu. ili ne pomngu. Ili
vúolu. ili ne vúolu. Ili vúede. ili ne vúede. Ili úne praud
nei rote. ili úlſi. Ili tatbe. ili zavuizti. ili v́ uzmazi.
Ili vziniſtue. ili eſe mizetomu. chotelo. emuſe mibi. ne doz
talo. choteti. Ili vpoglagolani. ili zpé. ili nezṕe. Ili eſe

iezem. ne zpazal. nedela. ni zúeta vuécera. ni mega
pozta. Í. inoga. mnogoga. eſe protiubogu. í protiu me
mu creztu. Tí edin boſe. vuéz. caco mi iega potre
ba vúelica. Boſe gozpodi miloztiví. tebe ze mil
tuoriv́. od. zih poſtenih greh. Í. odineh mnozeh.
I. vuénſih. í minſih. Eſe iezem ztvoril. teh ze! tebe
miltuoriv́. Í. zuetei marii. Í. v́zem zvetiḿ.
f. 78b Idabim nazem zuete. tacoga grecha pocazen v́zel.
ácoſe ti mi zadeneſ. iacoſe tuá milozt. itebe liubo.
Boſe ti pride zenebeze. v́ſe ze da vmoku. za vuíz
národ. Dabini zlodeiu otél. otmime vzem zlo
deiem. Miloztivui boſe. tebe poronſo me telo. Í.
mó duſú. I. moia zloueza. Íme delo. Í mó vuoliu.
I'. mo vueru. ímoi ſivuót. I da bim uzliſſal. nazodni
den tuó milozt vueliu. ztemi ieſe v́zovueſ tvói
mi vzti. Pridete otza mega. izvuolieni. pri
mete vúecſne vúezelie. í vúecſni ſivuót Eſev.
iezt. ugotoulieno. iz uuèka v́ uuek. a men.

II

f. 158b Eccę bi detd naſ neze
greſil tevuekigemube
ſiti ſtaroſti neprigem
lióki nikoligeſe pet
ſali neimugi niſlzna
telezeimoki nuúvuę
kigemubeſiti bone
ſezavuiztiubui ne
pri iazninu uvignan
Odſzlauuiboſigę Potom
nanarodzlovuezki
ſtrazti Ipetzali boi
do neimoki Ibzzre
duzemirt Ipagibra
triia pomenem ze
dai zino uueboſi na
reſemze botomu Oz
ſtanem zich mirzcih
del Eſeſunt dela ſoto
nina Eſetrebu tuorim
bratra Oclevuetam Eſe
tatua Eſeraſzboi Eſepulti
ugongenige Eſeroti Choi
ſe Ih nepazem nuge pre

ſtopam Eſene nauuizt
nizce teh del mirzene
pred boſima ozima mo
ſete potomu zinzi uvi
deti. Izami razumeti
eſebeſe priuuae zlou-
uezi Uliza tazie aco
ſe imuigezim tere ne
priiaznina uz nenauvi
deſſe Aboſiu uzliubiſe
f. 159a dabotomu nine ucircu
vah ich clanam ze Imod
lim ze im Izeſti ich
pigem I obeti naſſe im
nezem Ozcepaſgenige
telez naſich iduſ naſich
Tîgeſemoſem imui eſte
buiti eccę tage dela
naſnem delati iaſeo
ni delaſe Onibo laſ
na natrovuechu ſeg
na naboiachu bozza
obuiachu naga ode
achu malo mogoncka
uime boſie bozzekacho
mrzna zigreahu ſtran
na bodcrovvĭ zuoge
uvedechu Utim
nizah iuzelezneh
vvoſich Uclepenih
bozcekachu Iuime
boſie te uteſſahu

temi temitize deli
bogu bripliſaze taco
zinzi inam ze mod
liti tomuge vuirch
nemo Otzu Goſzpodi doſ
dani tamoge vzed
li vzezarſtuo ſuoge.
Eſeieſt úgotouleno iz
coni doconi izvvo
lenico^{com} boſiem Igezm
bratria bozuuani ib
bgeni Egoſenemoſem
nikīſeliza niucri f. 159b
ti nicacoſé ubega
ti nugestati pred
ſtolom boſigem ze
zopirnicom naſim
zezlodgem ſtarim
igeſtze pred boſi
ma oſima vzaco
mu zuoimi vzti
izuoim glagolom
izbovuedati Eſege
naſemſzuete chiſto
ſtuoril libobodi do
bro libolizi zlo
Dactomudini zinzi
muzlite ide neca
moze vcloniti nu
ge pred boſima oſima
ſtati izio prio imeti
iuſegezim bovvedal

Naſ gozbod zueticruz
iſegeſt bali teleznaſſih
izpaſitel duſnaſſih ton
bozzledine balouvani
ge pozledge pozſtavv
iucazalge imſeze nam
dozſtoi odgego zavue
kati igemuzeoteti
preiſe naſſi zeſztoco
ſtradacho nebo ie te
pechu metlami ipri
nizſe ogni petſachv
imetſi tnachu ipolezv
vueſachu iſelezni cliuſi
ge raztrgachu atobac f. 160a
mui ninge naſu prau
dnu vuerun ipraudnv
izbovuediu toiemoſim
ztoriti eſeoni to vue
lico ſtraſtiu ſtuoriſe
dapotomu zinzi boſi
raba prizzuauſe tere
im grechi vuaſa poſte
te íim izpovvedni bo
dete grechov uuaſih

III

f. 160b Iazze zaglagolo
zlodeiu. Iuzem iego
delom. Iuzem iego
lepocam. Toſe uue
ruiu ubog uze mo
goki. Iu iega zin;
I û zuueti duh. Data
tri imena. edin bog
gozpod zuueti.
iſe zuori nebo. Iz
emlo. Toſe izco ie
ga milozti. Iſc̅e̅
mariae. Iſc̅e̅ mic
hahela. Iſc̅e̅ pe
tra. Iuſeh boſih zil.
I uzeh boſih moſe
nic. Iuſeh b̅ za
connic. Iuſeh zu&ih
deuuiz. Iuzeh b̅ moki.
Da miraſite napomoki
biti. Kibogu moih gre
chou. Dabim ciſto iz
pouued ztuoril. I od
puztic otboga priel.
Bogu uze mogokemu.
izpouuede uze moie
greche. Iſc̅e̅ marie.
uzeh nepraudnih del.
inepraudnega pomiſlena.
Eſe iezem uuede ztuo
ril. ili neuuede. nudmi
ili lubmi zpe ili bdê.
Uzpitnih rotah. Vliſnih
reſih. vtatbinah. Uzniciſtvę.
Ulacomztue. Vlichogedeņ. f. 161a
Vlichopiti. Uuzmaztue.

Iuuzemlichodiani. Eſe
ieſem ztuoril ꝑtiuuo
bogu. odtogo dine
poneſe xp̄en bih. daſe
dodiniz negodine. Togo
uzego izpouueden bodo.
Bogu. Isc̄e marii. I sc̄o
laurenzu gozpodi.
Iuzem zuetim. Itebe
boſi rabe. Caiuze
moih grechou. Iradze
chocu caiati. elicoſe
zimizla imam eche
me boſe poſtediſi. Daimi
boſe gozpodi. tuuoiu
milozt. dabim nez
ramen. ineztiden
nazudinem dine.
predtuima oſima
ztoial. igdaſe pri

deſ zodit. Siuuim.
I mrtuim. comuſdo
pozuem dele. Tebe
boſe miloztivui
poruſo uza moia
zlouuez. I moia
dela. Imoie pomiſ
lenie. I moie zridze.
I moie telo. Imoi
ſuiuot. I moiu duſu.
Criste boſi zinu.
iſe iezi razil. nazi
zuu& priti. greſ f. 161b
nike iſbauuiti. ot
zlodeine oblazti.
Uchranime otuzega
zla. Izpazime
vuzem blaſe.
Amen.
Amen.

D. PARALLEL VERSIONS OF A GOSPEL TEXT

XIV. FIVE TRANSLATIONS OF LUKE x. 25–37

(*a*) *Codex Zographensis*

25 і се законникъ ӗтеръ въста
іскоушаѩ і і гл҃ѧ· оучите
л҇ю· чьто сътворь· живо
тъ вѣчьнъı наслѣдоуѭ·
26 онъ же рече къ н҇емоу· въ за
конѣ чьто естъ п'сано· како
чьтеши· 27 онъ же о̆тъвѣшта
»въ рече· вьзл҇юбиши г҃а б҃а
»своего· о̆тъ всего сръдьца
»твоего· і в'сеѭ д҃шеѭ·
»і вьсеѭ крѣпостиѭ твое
»ѭ· і в'сѣмь помъıшл҇еньe
»мь твоıмь· і подроуга сво
»его ѣко самъ сѧ· 28 рече же емоу
»і҃с· правѣ отъвѣшта· се тво
»ри· і живъ бѫдеши· 29 онъ же
»хотѧ о̆правьдити сѧ самъ·
»рече къ і҃сви· і къто естъ
»іскрьн҇иі ми· 30 отъвѣшта
»въ же і҃с· рече· чл҃къ ӗтеръ
съхождаӑше· отъ і҃лма въ
ерихѫ· і въ разбоıникъı
въпаде· іже і съвлъкъ
ше і· і ѣзвъı възложьше
отидошѧ· і оставьше і ӗ
лѣ живъ сѫшть· 31 по прикл҇ю
чаю же· іерѣі ӗтеръ· съхо
ждаӑше пѫтьмь тѣмь·
і видѣвъ і мимо іде·

32 такожде же і леѵѣитъ·
бꙑвъ на томь мѣстѣ·
пришьдъ· і видѣвъ і ми
мо іде· 33 самарѣнинъ же
ѥтеръ градꙑ· приде надъ нь·
і видѣвъ і милосрьдова·
34 і пристѫпль обѧза строу
пꙑ его· възливаѩ ма
сло і вино· въсаждь же і
на свои скотъ· приведе
же і въ гостиницѫ· і при
лежа емь· 35 і на оутрьѣ ішь
дъ· ізьмъ д'ва пѣнѧза
дастъ гостинникоу· і ре
че емоу· прилежи емь·
і еже ѣште приіждіве
ши· ѣзъ егда възвраштѫ
сѧ въздамь ти· 36 къто оу
бо тѣхъ три· іскрьнии
мьнитъ ти сѧ бꙑти·
въпадъшююмоу въ разбо
іникꙑ· 37 онъ же рече· съ
творꙑ милостꙑнѭ
съ нимь· рече же емоу ис·
іди і тꙑ твори такожде·

(*b*) *Codex Marianus*

25 І се законьникъ етеръ въста къ іс҃ви.
искоушаѩ и и гл҃ѧ. оучителю что съ-
творь животъ вѣчьнꙑи наслѣ-
дъствоуѭ. 26 онъ же рече къ немоу. въ
законѣ чъто писано естъ како чь-
теши. 27 онъ же отъвѣштавъ рече.
възлюбиши г҃а б҃а твоего. отъ вь-
сего ср҃дца твоего. и вьсеѭ д҃шеѭ

твоеѭ. і вьсеѭ крѣпостиѭ твое-

ѭ ⁘

і вьсѣмь помꙑшлениемь твоимь.
и искрънѣаго твоего ѣко самъ сѧ. 28 Ре-
че же емоу правѣ отъвѣшта се твори
и живъ бѫдеши. 29 онъ же хотѧ оправьдити
[ти] сѧ самъ. рече къ исви. і кто [е]естъ
іскрънии мои. 30 отъвѣштавъ же исъ
рече. чл҃къ единъ съхождааше отъ і-
ем҃а въ ерихѫ. і въ разбоиникꙑ вь-
паде. иже и съвлъкъше и. и ѣзвꙑ
възложъше отидѫ. оставльше елѣ
живъ сѫштъ. 31 по приключаю же иере-
и единъ съхождааше пѫтемь тѣмь.
і видѣвъ і мимо иде. 32 такожде же и
левъѣинтъ. бꙑвъ[въ] на томь мѣстѣ.
пришедъ и видѣвъ і мимо иде. 33 са-
марѣнинъ же единъ грѧдꙑ приде на-
дь нь. і видѣвъ і милосрд҃ва. 34 і при-
стѫпь обѧза строупꙑ его възлива-
ѩ олѣи и вино. въсаждъ же и на свои ско-
тъ приведе и въ гостиницѫ. і приле-
жа емъ. 35 і на оутрьнии ишедъ изьмь
дъва пѣнѧѕа дастъ гостиньникоу.
і рече емоу прилежи емь. і еже аште при-
иждивеши. азъ егда възвраштѫ
сѧ въздамь ти. 36 кто оубо тѣхъ трии
искрънии мьнитъ сѧ бꙑти. вьпа-
дъшѭоумоу въ разбоиникꙑ. 37 онъ
же рече сътвории милость сь нимь.
Рече емоу исъ иди и тꙑ твори тако-
жде ⁘ кц ⁘

(*c*) *Codex Assemanianus*

Въ оно к 25. законникъ етеръ приде къ исоу · искоушаѩ и и
глѧ · оучителю чъто сътворь живота вѣчьнаѣго наслѣдоуѭ ·
26. онъ же рече къ немоу · въ законѣ чъто писано естъ ·
како чътеши · 27. онъ же отъвѣштавъ рече · възлюбиши га
ба своего отъ всего срдца твоего · и въсеѭ дшеѭ и о въсеѩ
крѣпости твоеѩ · и о всего помышлениѣ твоего люби и · и
искрънѣаго своего ѣко и самъ сѧ · 28. рече же емоу исъ ·
право отъвѣща · се сътвори и живъ бѫдеши · 29. онъ же
хотѧ оправьдити сѧ самъ · рече къ исоу · и кто естъ искрьний
мой · 30. Отъвѣща исъ и рече · чкъ етеръ съхождааше о
ерсма въ ерихѫ · и въ разбойникъи выпаде · иже и съвлъкъше
и и ѣзвы възложьше на нь · отидѫ оставльше и елѣ жива ·
31. По приключаю же · иерей етеръ · съхождааше пѫтемь
тѣмъ · и видѣвъ и мимо иде · 32. Také же и левьитъ ·
бывъ на томьжде мѣстѣ · пришедъ и видѣвъ и мимо иде ·
33. Самарѣни[н] же етеръ грѩды · и приде надъ нь · и видѣвъ
и мсрдова · 34. и пристѫпль обѧза строупы его · възливаѩ
олѣи · и вино · въсаждъ же и на свой скотъ · приведе и въ
гостиньницѫ · и прилежа емъ · 35. и на оутриа ишедъ · вьземъ
дъва пѣнѧѕа · дастъ гостинникоу · и рече емоу прилежи емъ ·
и еже аште приждивеши · азъ егда възвраштѫ сѧ въздамъ ти ·
36. Къто оубо отъ тѣхъ трий мьнитъ ти сѧ быти искрьний
въпадъшоумоу въ разбойникъи · 37. Онъ же рече · сътворей мстъ
сь нимъ · рече же емоу исъ · Иди и ты твори такожде ·:· —

(*d*) *Savvina Kniga*

Въ оно к. законьникъ единъ при
де къ ісоу. искоушаѧ и гла. оу
чителю. что створь жизнь вѣ
чънѫѭ наслѣдьствоуѭ. 26 іс же

рече емоу въ законѣ что псано
естъ. како чьтеши. 27 онъ же о
тъвѣщавъ рече. възлюбиши . г҃а
б҃а своего. всѣмъ ср҃дцемь своимь.
и всеѭ д҃шеѭ. своѭ . и всеѭ крѣпо
стиѭ твоеѭ. и всѣмь помышле
ниемь твоімь. и възлюби ближь
нꙗго своего ꙗко самъ сѧ. 28 рече же е
моу і҃с правъ отъвѣща. се твори и
живъ бѫдеши. 29 онъ же хотѧ опра
вьдити сѧ самъ. рече і҃сви кто ес
тъ ближьныи моі. 30 отъвѣщаж же
і҃с рече емоу. ч҃лкъ единъ съхо
ждаще отъ иер҃слма въ ерихѫ. и
въ разбоіникы въпаде. иже съ
вълкъше і. и ꙗзвы възложъше
оставльше і елѣ живого сѫща о
тіде. 31 по приключаю же иереі еди
нъ. идѣше пѫтьмь тѣмь. и видѣ
въ і мимоиде. 32 такожде же и леоу
гитъ бывъ на томь мѣстѣ. при
шъдъ и видѣвъ і мимоиде. 33 сама
рѣнинъ же етеръ грѧды приде къ
немоу. и видѣвъ і млср҃дова. 34 и при
стѫпь обѧза ꙗзвы его възливаж
олѣі и вино. възъмъ же і на скотъ
свої. приведе же і въ господѫ. и при
лежаше емь. 35 и на оутриꙗ шъдъ.
и възъмъ в҃ пѣнѧза. дасть гость
никоу. и рече прилежи емь. и а
ще что иждивеши. азъ егда въз
вращѫ сѧ. въздамь ти. 36 кто ѹ

бо тѣхъ трии искрьны мьнить
ти сѧ быти. въпадъшюмоу въ
разбоиникы. 37 онъ же рече. створь
і милость съ нимь. рече же емꙋ
іс҃ иди и ты твори такожде: ⁘

(e) Ostromir's Gospel-Book

25. В Ъ В Р Ѣ М Ѧ О Н О ·
З А К О Н Ь Н И К Ъ
Н Ѣ К Ъ І И · П Р И
Д Є К Ъ И І҃ С О
В И · И С К О У
Ш А Ѩ И И Г Л҃ Ѩ О У
Ч И Т Є Л Ю · Ч Ь Т О С Ъ
Т В О Р Ь · Ж И В О Т Ъ
В Ѣ Ч Ь Н Ъ І И Н А С Л Ѣ
26. Д Ь С Т В О У Ѭ О Н Ъ
Ж Є Р Є Ч Є К Ъ Н И Є М О У
В Ъ З А К О Н Ѣ Ч Ь Т О
П И С А Н О Є С Т Ь · К А
27. К О У Ч Ь Т Є Ш И О Н Ъ
Ж Є О Т Ъ В Ѣ Щ А В Ъ
Р Є Ч Є В Ъ З Л Ю Б И Ш И
Г҃ А Б҃ А С В О Є Г О В Ь С Ѣ

мьсрдьцьмьсво
нмь·нвьсєѩдоу
шєѩсвоѩ·нвьсє
ѩкрѣпостнѩсво
ѥѩ·нвьсѣмьпо
мꙑшлѥнннмь
свонмь·нбанжь
ннаготвоѥгон
28. косамъсѧ рєчєжє
ѥмоуправъотъ
вѣщасєтворнн
29. жнвъбѫдєшн о
нъжєхотѧопра
вьднтнсѧсамъ
рєчєкънісовн н
кътоѥстьбанжь
30. нннмон отъвѣ
щавъжєніс рєчє
члвкъ нѣкꙑнсъ
хождаашєотъи
єрслмавъѥрнхш·
нвъразбонин

кꙑвъпаде иже
исъвлъкъше и · и
ꙗзвꙑвъзложь
ше · отидошѧ · о
ставльше и · лѣ
31. живасѫща · попри
ключаѭже · иере
инѣкꙑи · съхо
ждаашепѫтьмъ
тѣмь · ивидѣвъ
32. мимоиде тако
жделеѵ̈итъ · бꙑ
вънатомьмѣстѣ
пришьдъивидѣ
33. въмимоиде са
марѣнинъженѣ
кꙑигрѧдꙑ · при
денадънь · иви
дѣвъимилосрьдо
34. ва ипристѫпль
обѧзастроупꙑ
ѥговъзливаѩ

ѥ̆лєиивино въса
ждьжєинасвои
скотъ·привєдєи
въгостиницѫ·
иприлєжаѥмь
35. инаоутриꙗишь
дъ·изьмъдъва
сърєбрьника·да
стьгостиньни
коу·ирєчєѥмоу
прилєжиѥмь·и
ѥжєащєприижди
вєши·азъѥгда
възвращѫсѧ·въ
36. здамьти къто
оубоотътѣхъ
трииближьнии
имьнитьтисѧ
бꙑти·въпадъ
шоуоумоувъра
37. збоиникꙑ онъ
жєрєчєсътвори

вꙑимилостьсъ

нимь речежеѥ

моуи͠іcидиитꙑ

творитакожде :· · —

GLOSSARY

Words are listed in the order of the Slavonic alphabet (Pt. I, pp. 3–4). Orthography is normalized except for some non-Slavonic words which appear in the vocabulary in the form in which they are found in the texts. шт should be sought under щ, е under ѥ.

The words of the Freising Texts will be found (in normalized Old Church Slavonic forms) in the main vocabulary, with the exception of words and forms which have no close or obvious OCS cognates. These are separately listed in an appendix.

А

а *conj.* but; and; § 1, § 32.6*c*, § 104.

абиѥ, абьѥ *adv.* straightway, immediately § 32.6*c*, § 33.3.

авва *m.* father (Gr. *αββά* from Aramaic) § 45.

Авеселоумъ *m.* Absalom § 45.

авиань *adj.* of Abijah § 50.

авити *see* **ꙗвити**.

авлꙗти *see* **ꙗвлꙗти**.

аврамль *adj.* of Abraham § 50*a*.

Аврамъ *m.* Abraham § 45, § 50*a*.

Авъгоустъ *m.* Augustus.

авѣ *see* **ꙗвѣ**.

агньць *m.* lamb § 32.2, 6*c*, § 34.7, § 48.2.

Адамъ *m.* Adam.

азъ (Iazze = **ꙗзъ** Freis. III) *pron.* I § 32.2, 6*c*, § 55.1*g*.

акоже *see* **ꙗкоже**.

акридъ *m.* locust (Gr. *ἀκρίς*).

акы (**ꙗкы**) *conj.* as § 100, § 104.

алавастръ *m.* alabaster, vessel of alabaster.

алексѧдровъ *adj.* of Alexander § 50.

али (1) *interrogative particle*; (2) *conj.* if § 32.6*a*, § 104.

алкати (**алъкати, лакати**), **алчѫ** (**лачѫ**), **алчеши** (**лачеши**) to hunger § 36, § 48.7, § 65.1, § 74, § 92, § 96.3*b*.

аминъ (**аминь**), verily; amen (Gr. *ἀμήν* from Hebr.).

Андрѣа (**Андреа, Андрѣи, Аньдреи**) *m.* Andrew § 45.

анђельскъ *adj.* angelic, of angels § 50*f*.

анъђелъ (Cyrillic **анг҄елъ, агг҄елъ**) *m.* angel § 2.II Note 1, 2.

Аньдреи *m. see* **Андрѣа**.

апостолъ *m.* apostle § 40.

Ариматѣꙗ (**-теа, -тиꙗ**) *f.* Arimathæa.

аронь *adj.* of Aaron § 50.

архиѥпископъ *m.* archbishop.

архиѥреи (**-ѣи**) *m.* chief priest § 45.

архиєреовъ *adj.* of the high priest.

асафовъ *adj.* of Asaph.

аще *conj.* if § 32.2, 6*c*, § 101, § 104; (*after relatives*) . . . ever.

Б

балии *m.* doctor, healer § 39*c*, § 48.1.

балованиѥ *n.* healing, cure.

бальство *n.* medicine, healing.

без (**бес**) *prep. with gen.* without.

беззакониѥ *n.* lawlessness, iniquity.

беззаконьникъ *m.* lawless man.

беззаконьниѥ *n. see* **беззакониѥ**.

беззаконьнъ *adj.* iniquitous.

безоумиѥ *n.* unreason, foolishness § 48.1.

безоумьнъ *adj.* mad, foolish.

бесхвальнъ *adj.* thankless, ungrateful.

бесъмрьтьнъ *adj.* immortal.

бесѣда *f.* speech, discussion § 65.3.

бесѣдовати, бесѣдоуѭ, бесѣдоуѥши to speak, converse § 65.3, § 96.4 *f*.

бисьръ *m.* pearl § 34.2.

бити, бьѭ, бьѥши to beat, scourge § 37, § 48.2, § 65.1, § 77.1*b*, 4, § 96.1*c*.

благо *n.* good thing; treasure; bliss (Freis. III).

благоволениѥ *n.* goodwill, favour § 79.

благо-волити, -волѭ, -волиши to be pleased, take pleasure (in, **о**) § 93.IV.

благо-вѣстити, -вѣщѫ, -вѣстиши to announce, bring good tidings § 93.IV.

благо-вѣстовати, -вѣстоуѭ, -вѣстоуѥши, *see* **благовѣстити**.

благодѣть *f.* grace.

благодѣтьнъ *adj.* favoured, full of grace.

благообразьнъ *adj.* of honourable estate.

благорастворениѥ *n.* state of being well mixed, tempered (of wine) (Gr. εὐκρασία).

благо-словестити -словещѫ, -словестиши to bless § 93.IV.

благо-словити, -словлѭ, -словиши to bless § 93.IV.

благостыни *f.* good deed.

благоѫханиѥ *n.* fragrance.

благъ *adj.* good § 48.3, 6, § 51.1*c*.

благыни *f.* kindness § 39*b*, § 48.6.

блаженьна *f.* song of praise (Gr. μακαρισμός).

блажити, блажѫ, блажиши to bless; **блажьнъ** blessed.

ближьнь *adj.* near; **ближьнии** neighbour.

близъ *prep. with gen.* near, close to § 48.2, § 99.2, § 103.

блюдъ *m.* dish.

блѧдь *f.* lewdness § 43.

бо *conj.* for § 104.

богатити сѧ, богащѫ, богатиши to be rich.

богородица *f.* the Virgin, Mother of God § 47.
богъ *m.* God § 2.II, Note 7, § 20.3, § 21.1, § 23.1, § 30.2, § 38.1.II.1*a*, § 40.
божии *adj.* of God, divine § 49.
божьствьнъ *adj.* divine.
болии *comp. adj.* greater § 26, § 51.1*c*, § 56.
болѣти, болѭ, болиши to be ill § 97*d*.
босъ *adj.* barefoot.
боꙗзнь *f.* fear § 38.2.
боꙗти сѧ, боѭ, боиши to fear § 66, § 97*d*.
бракъ *m.* wedding, marriage.
братиꙗ *f. coll.*, *see* **братриꙗ**.
братриꙗ *f. coll.* brothers § 38.3, § 48.1.
братръ *m.*, **братъ** *m.* brother § 3, § 6.1, § 38.3, § 50*a*.
брашьно *n.* food.
брьвьно *n.* beam, plank.
брѣгъ *m.* slope, bank § 10.4.
брѣщи, брѣгѫ, брѣжеши to care for, about (о) § 94*k*.
боуи foolish § 49*b*; **боуе** (*voc.*) thou fool.
боурꙗ *f.* storm § 35.3.
бъдръ *adj.* wakeful; ready § 50*k*.
бъдѣти, бъждѫ, бъдиши to wake, watch § 33.2, § 37.5*c*, § 50*k*, § 64.1, § 97*c*, *d*.
бъıти, ѥсмь, ѥси to be; to come to pass § 60.2*e*, § 61.V, § 65.2, § 69.2*i*, § 72, § 74, § 78, § 84, § 89, § 96.4*b*, § 98*a*, *q*.
бъıтиѥ *n.* being § 79.
бѣгати, бѣгаѭ, бѣгаѥши to run (away) § 93.II.
бѣда *f.* misery, wretchedness.
бѣдити, бѣждѫ, бѣдиши to compel.
бѣжати, бѣжѫ, бѣжиши to run (away) § 90*a*, § 97*d*.
бѣлъ *adj.* white.
бѣсъ *m.* demon.
бѣсьнъ *adj.* possessed (with devils) § 34.2.

В

Варавва *m.* Barabbas.
варити, варѭ, вариши to go before § 93.IV.
вашь *pron. adj.* your § 55.2.II.
велии *adj.* great § 50*a*, § 51.1*c*.
великота *f.* greatness § 48.3.
великъ *adj.* great, big § 48.3, § 50*a*, § 51.1*c*.
величити, величѫ, величиши to magnify.
величиѥ *n.* greatness, great things.
вельбѫждь *adj.* of a camel.
вельми *adv.* very (much) § 99.6, § 100.
веселити, веселѭ, веселиши to rejoice (*trans.*); **в. сѧ** to rejoice (*intrans.*), be glad.
веселиѥ *n.* joy, gladness.
вести, ведѫ, ведеши to lead, take § 20.4, § 37, § 69.2*e*, § 77*a*, § 90, § 94*a*, § 97*b*.
ветъхъ *adj.* old § 22.1, § 33.1.
вещь *f.* thing, matter.

вечеръ *m.* evening § 48.6; *gen. sing.* zúeta vuécera (Freis.) vigil (?).

вечерꙗ *f.* supper.

вечерꙗти, вечерꙗѭ, вечерꙗѥши to sup.

видѣти, виждѫ, видиши to see § 6.4, § 10.1, § 12.2, § 19.1, § 66, § 69.2*a*, § 74, § 77.2, § 90*a*, § 93.IV, § 97*h*; **видимъ** seen, visible, seeming § 97*h*.

вина *f.* guilt.

вино *n.* wine.

виноградъ *m.* vineyard § 47.

виньнъ *adj.* of wine.

Витаниꙗ *f.* Bethany.

Виѳьлеомъ *m.* Bethlehem.

владꙑка *m.* ruler, lord; **подъ владꙑками** under authority § 38.1.I, § 39*h*, § 48.2.

власти, владѫ, владеши to rule (over, *instr.*) § 20.4, § 48.2, 3, § 62.2, § 94*d*.

власть *f.* power, authority § 48.3.

власфимиꙗ *f.* blasphemy.

власъ *m.* hair.

влъкъ (влькъ) *m.* wolf § 2.II Note 6, § 15.3, § 16.2, § 17, § 37.6.

влѣщи, влѣкѫ, влѣчеши to drag, draw § 69.2*h*, § 76, § 94*c*, *k*, § 97*b*.

вода *f.* water.

воинъ *m.* soldier § 41*a*.

волъ *m.* ox § 42, § 46.1.

волꙗ *f.* will § 37.5*e*.

вонꙗ *f.* scent, smell § 32.3.

врагъ *m.* enemy § 48.4, § 50*a*.

вражьдовати, вражьдоуѭ, вражьдоуѥши to hate, be an enemy to (*with dat.*).

врата *n.pl.* gate § 3, § 38.3, § 48.10.

вратити (сѧ), вращѫ, вратиши to turn § 3, § 37.5*d*, § 66, § 70*a*, § 77.1*c*, § 93.IV, § 97.

врьховьнь *adj.* supreme, highest.

врьхъ *m.* peak, summit § 22.1, § 30.1, § 42; **врьхоу** (*with gen.*) above, on § 99.1.

врѣдити, врѣждѫ, врѣдиши to harm, damage § 93.IV.

врѣмѧ *n.* time § 29.4, § 31*b*, § 44.2.

въ *prep.* (*with loc. and acc.*) in, into; among; (*with acc.*) in place of, for § 92, § 102.2; **въ чемь** for what (εἰς τί).

въ-вести, -ведѫ, -ведеши to introduce, lead § 92.

въ-водити, -вождѫ, -водиши *see* **въ-вести.**

въ-врѣщи, -врьгѫ, -врьжеши to throw (into).

въ-дати, -дамь, -даси to give, provide.

въ-жагати, -жагаѭ, -жагаѥши to light.

въз *prep. with acc.* for, in exchange for § 102.2.

въз-бранꙗти, -бранꙗѭ, -бранꙗѥши to hinder, prevent.

въз-величити, -величѫ, -величиши to magnify.

въз-веселити сѧ, -веселѭ, -веселиши to rejoice.

въз-вести, -ведѫ, -ведеши to lift up.

въз-вратити, -вращѫ, -вратиши to bring back; **в. сѧ** to return.

въз-вѣстити, -вѣщѫ, -вѣстиши to announce, show forth.

въз-вѣꙗти, -вѣѭ, -вѣѥши to blow.

въз-гласити, -глашѫ, -гласиши to announce, give tongue, crow.

въз-дати, -дамь, -даси to give back, pay, render.

въз-двигнѫти, -двигнѫ, -двигнеши to raise up.

въз-д-радовати сѧ, -радоуѭ, -радоуѥши to rejoice.

въз-д-расти, -растѫ, -растеши to grow, increase.

въз-дрѣмати, -дрѣмлѭ, -дрѣмлеши to fall asleep.

въз-дъхнѫти, -дъхнѫ, -дъхнеши to sigh.

въз-дꙑханиѥ *n.* sigh, sighing.

въз-играти сѧ, -играѭ, -играѥши to leap (Zogr., L. i. 41).

въ-зирати, -зираѭ, -зираѥши *see* **възьрѣти.**

въз-искати, -ищѫ, -ищеши to seek.

въз-ити, -идѫ, -идеши to go up § 92.

въз-лежати, -лежаѭ, -лежаѥши to recline (at table).

въз-лещи, -лѧгѫ, -лѧжеши to lie down, sit down.

въз-ливати, -ливаѭ, -ливаѥши to pour on.

въз-лиꙗти, -лиѭ, -лиѥши to pour on.

въз-ложити, -ложѫ, -ложиши to lay upon, inflict.

въз-любити, -люблѭ, -любиши to become fond of, love.

въз-можьнъ *adj.* possible.

въз-мощи, -могѫ, -можеши to be able.

въз-мѣрити, -мѣрѭ, -мѣриши to measure, mete out.

въз-не-на-видѣти, -виждѫ, -видиши to hate.

въз-нести, -несѫ, -несеши to lift up, exalt.

въз-нисти, -ньзѫ, -ньзеши to put on.

възношениѥ *n.* lifting up, elevation.

въ-зъвати, -зовѫ, -зовеши to cry, call, summon.

въз-ъпити, -ъпиѭ, -ъпиѥши to cry out.

въ-зьрѣти (< **въз-зьрѣти**), **-зьрѭ, -зьриши** to look up, look at.

въз-ѩти, -ьмѫ, -ьмиши to take, take away, put on § 34.9, § 90.

въинѫ *adv.* always.

въкоупьнъ *adj.* complete.

въкоупѣ *see* **коупъ.**

въ-коусити, -коушѫ, -коусиши to taste, try.

вълитиѥ *n.* libation.

въ-ложити, -ложѫ, -ложиши to lay (in), implant.

въ-лѣсти, -лѣзѫ, -лѣзеши to enter.

въ-мѣтати (**въ-метати**), **-мѣтаѭ, -мѣтаѥши** to cast, throw in.

вънезаапѫ *adv.* suddenly.

вън-имати, -емлѭ, -емлѥши take heed, beware.

вън-ити, -идѫ, -идеши to go in, come in, enter § 92.

вънѣ *adv.* out § 34.3, § 99.2.

вън-ѧти, -ьмѫ, -ьмеши to take.

вънѫтрь *adv.* within § 50*b*; **до в.** right inside (Gr. ἕως ἔσω).

вънѫтрьнь *adj.* inward, internal § 50*b*.

вънѫтрьѭдоу *adv.* within, inwardly.

въ-пасти, -падѫ, -падеши to fall into, among § 90.

въпити, въпиѭ, въпиши to cry § 19.2, § 34.7.

въ-плътити сѧ, -плъщѫ, -плътиши to become incarnate § 17*e*.

въ-прашати, -прашаѭ, -прашаѥши *see* **въ-просити.**

въ-просити, -прошѫ, -просиши to question, ask.

въ-садити, -саждѫ, -садиши to seat.

въселенаꙗ *f.* world (Gr. οἰκουμένη).

въ-селити, -селѭ, -селиши to implant; **в. сѧ** to come to dwell, settle.

въскрилиѥ *n.* hem.

въс-крьснѫти, -крьснѫ, -крьснеши to rise, rise from the dead § 69.1*d*, § 79, § 95*b*, § 97*c*.

въс-крѣсити, -крѣшѫ, -крѣсиши to rouse, encourage § 97*c*.

въскѫѭ *adv.* why.

въс-при-ꙗти, -имѫ, -имеши receive.

въс-просити, -прошѫ, -просиши to ask § 29.8.

въс-пѣти, -поѭ, -поѥши to sing (a hymn, song), crow.

въ-стати, -станѫ, -станеши to rise up, arise, stand up § 90.

въстокъ *m.* east, sunrise, dayspring.

въс-трѫбити, -трѫблѭ, -трѫбиши to sound a trumpet.

въс-ходити, -хождѫ, -ходиши to go up, come up § 92.

въс-хотѣти, -хощѫ, -хощеши to long for, desire.

въсылати (< **въз-с-**), **-сылаѭ, -сылаѥши** to send (up).

въсѫдъ *m.* eucharist, communion § 35.1.

въторицеѭ *adv.* for the second time § 59.6*a*, § 99.3.

въ-ходити, -хождѫ, -ходиши to enter, go in, come in.

въходъ *m.* entrance.

въ-цѣсарити сѧ, -цѣсарѭ, -цѣсариши to reign.

въ-чѧти, -чьнѫ, -чьнеши to

begin; *also used as auxiliary to form the future tense* § 86.
вънѣ *adv.* outside § 103.
вьсевладꙑка *m.* almighty ruler.
вьсегда *adv.* always § 100.
вьседрьжитель *m.* ruler of all things (Gr. *παντοκράτωρ*) § 47.
вьсемогъ *adj.* almighty.
вьсеплодьнъ *adj.* full of fruit.
вьсь *f.* village, place § 16.1, § 43.
вьсь *pron. adj.* all, whole § 30.2*a*, § 33.1, 2, § 55.2.II, 5.
вьсьде *adv.* everywhere § 100.
вьсꙗкъ *adj.* all manner of, every § 55.2.I.
вьсꙗчьскъ *adj.* every (kind of) § 54, § 100.
вꙑ *pron.* you § 9.2, § 55.1.
вꙑ-гънати, -женѫ, -женеши *see* **изгънати**.
вꙑсокъ *adj.* high § 50*b*, *j*, § 51.1*b*.
вꙑше *comp. adv. from* **вꙑсокъ** § 51.4, § 99.2; **съ вꙑше** from above, from the top.
вꙑшьнии *adj.* highest, most high § 50*b*.
вѣдѣти, вѣмь (вѣдѣ), вѣси to know § 47, § 48.3, § 60.2*e*, § 61.V, § 84, § 91, § 98*k*.
вѣкъ *m.* age; eternity (Gr. *αἰών*) § 34.7; **до вѣка** for evermore.
вѣньць *m.* garland, crown.
вѣра *f.* faith.
вѣровати, вѣроуѭ, вѣроуѥши to believe § 96.4.
вѣрьнъ *adj.* faithful § 34.7.
вѣсть *f.* news, report, rumour § 48.3.
вѣтръ *m.* wind.
вѣчьнъ *adj.* eternal.
вѧщии *comp. adj.* greater, more § 51.1*c*, § 54.

Г

Гавриилъ (Гавьриилъ) *m.* Gabriel § 45.
Галилеꙗ *f.* Galilee.
Галилѣанинъ *m.* Galilæan § 48.6.
галилѣискъ, галилеискъ *adj.* Galilæan, of Galilee.
глава *f.* head § 6.3, § 39, § 48.6, § 49.
глаголати, -голѭ, -голѥши to speak, say § 47, § 60.2*a*, § 65.1, § 91, § 96.3, 4*a*.
глаголъ *m.* word § 47.
гласъ *m.* voice, saying, utterance § 42*b*.
глашати, глашаѭ, глашаѥши to call, call upon.
гнѣвати сѧ, гнѣваѭ, гнѣваѥши to be angry.
гнѣвъ *m.* anger.
година *f.* hour.
годъ *m.* time.
Голъгота *f.* Golgotha.
голѫбь *m.* dove § 43.
гора *f.* mountain, hill.
горе *int.* woe! § 105.
горькъ *adj.* bitter § 51.2*a*, § 54.
горьница *f.* upper room.
господа *f.* inn.

господинъ *m.* master §§41*b*, 48.6.
господь *m.* Lord § 43*a*, § 48.6, § 50*a*.
господьнь *adj.* of the Lord § 50*a*.
госпожда *f.* lady.
гостиница *f.* inn.
гостиньникъ *m.* inn-keeper.
готовъ *adj.* ready.
градъ *m.* city § 6.3, § 16.5, § 38.1.II, § 48.6.
градъ *m.* hail.
Григоръ, Григории *m.* Gregory § 45.
гробъ *m.* tomb § 37.4, § 48.2.
гроздъ (грознъ) *m.* bunch of grapes § 42*b*.
грьдъ *adj.* proud.
грьмъ *m.* tree, bush.
грѣховьнъ *adj.* sinful, of sin.
грѣхъ *m.* sin § 42*b*, § 48.2.
грѣшьникъ *m.* sinner § 48.2.
грѣшьнъ *adj.* sinful.
грѣꙗти (грѣти), грѣѭ, грѣѥши to warm.
грѧсти, грѧдѫ, грѧдеши to come, journey § 94*c*, *i*.
гыбѣль *f.* loss, destruction § 48.5.
гѫба *f.* sponge § 13.2.

Д

да *conj.* that, so that; and so § 104.
давъıдовъ *adj.* of David.
Давъıдъ *m.* David.
даже *conj.* than; until, before; daſe do (Freis. III) until, § 104.
даровати, дароуѭ, дароуѥши to present § 96.4*f*.
даръ *m.* gift § 6.2, § 37.1*b*, § 42*b*.
датель *m.* giver.
дати, дамь, даси to give § 37.1*b*, § 48.6, § 60.2*e*, § 61.V, § 69.2*i*, § 77.2, § 80, § 91, § 93.V, § 98*i*.
даꙗние *n.* giving, gift.
даꙗти, даѭ, даѥши § 32.5, § 93.V, § 96.3, § 98*i*; *see* дати.
дворъ *m.* court.
двьрь *f.sg.*, двьри *f.pl.* door § 43.
девѧтъ *adj.* ninth.
Декаполѣи *m.* Decapolis § 45.
десница *f.* right hand § 48.2.
деснъ *adj.* right.
десѧть *f.* ten § 11.1, § 14.2, § 44.4*c*, § 59.1.
дивии *adj.* wild.
дивити сѧ, дивлѭ, дивиши to wonder (at, *dat.*, о+*loc.*)
дльготрьпѣние *n.* long-suffering § 47.
дльгъ *m.* debt § 2.II Note 6, § 47.
дльжьникъ *m.* debtor § 47.
до *prep. with gen.* up to, until.
добръ *adj.* good § 9.3, § 33.3, § 49, § 51.1*c*, § 56.
доволъ *m.* sufficiency.
до-вьлѣти, -вьлѭ, -вьлѥши to suffice § 37.5*e*, § 97*f*.
доидеже *conj.* until § 100.
доколѣ *adv.* how long? § 100.
домъ *m.* house § 7.2, § 27.1, § 42.
доньдеже *conj.* until § 100, § 104.
достоинъ *adj.* worthy § 33.4.

достоıаниıе *n.* inheritance.

до-стоıати, -стоıѫ, -стоиши to be fitting, right.

дотолѣ *adv.* until that time, before.

драгъ *adj.* dear, expensive § 51.1*a*.

древьнь *adj.* old, ancient § 50*b*.

дроугъ *pron.* other § 55.5*a*; **д. къ дроугоу** to one another.

дрьжава *f.* might, power § 48.8.

дрьжати, дрьжѫ, дрьжиши to hold § 48.8; § 97*d*; **д. сѧ** (*with gen.*) to hold to.

дрьзати, дрьзаıѫ, дрьзаıеши; *see* **дрьзнѫти.**

дрьзнѫти, дрьзнѫ, дрьзнеши to take courage, grow bold § 69.2*d*, § 77.1*d*, § 93.II, § 95*a*, *b*.

дрьзость *f.* boldness, audacity.

дрьколь *m.* club, stave § 43.

дрѣво *n.* tree § 44.3, § 50*e*.

доуховьнъ *adj.* spiritual.

доухъ *m.* spirit; breath (Gr. *πνεῦμα*) § 20.3, § 21.1, § 30.2, § 40.1, § 42*b*.

доуша *f.* soul, life (Gr. *ψυχή* Zogr., Mt. vi. 25) § 21.1, § 37.6, § 38.1.I*b*, § 39, § 46.1, § 49.

дъва *num.* two § 55.2.I, § 59.1; **д. на десѧте** twelve.

дъвои *num. adj.* twofold; two (with *pluralia tantum*) § 59.3.

дъвоица *f.* pair § 59.6*a*.

дъждити, дъждѭ, дъждиши to rain.

дъждь *m.* rain.

дъшти *f.* daughter § 7.3, § 15.1, § 38.1.V.5, § 44.5*e*, § 46.1.

дъштица *f.* writing-tablet § 29.13.

дьневьнъ *adj.* daily.

дьнь *m.* day § 16.1, § 33.1, § 34.5, § 44.2*e*, § 50*b*.

дьньсь *adv.* today § 33.1, § 34.2, § 50*b*.

дьньсьнь *adj.* of today.

дъıхати, дъıшѫ, дъıшеши to breathe, blow § 93.II.

дѣва *f.* virgin § 30.3*f*.

дѣвица *f.* girl, maiden § 30.3*f*.

дѣлатель *m.* labourer § 41, § 48.3.

дѣлати, дѣлаıѫ, дѣлаıеши to do, make § 48.3, § 65.2, § 91, § 96.4*d*.

дѣло *n.* work, deed § 40.2*b*, § 44.3, § 46.1, § 48.5, § 65.2.

дѣтель (дѣтѣль) *f.* action, deed § 43, § 48.5.

дѣıати (дѣати, дѣти), дѣıѫ, дѣıеши to do, put, commit § 10.1, § 27.1, § 48.5, § 65.1, § 96.1*a*, § 96.3*a*; **не дѣи** let (be).

Є *see under* **Ѥ**

Ж

же *conj.* and, but (Gr. *δέ*) § 104.

желѣзнъ *adj.* of iron § 50*k*.

жена *f.* woman, wife § 37.6, § 38.1.I, § 46.1, § 50*f*.

жестокъ *adj.* hard; **жестоко** *adv.* sorely.

живоносьнъ *adj.* life-giving.

животъ *m.* life.

живъ *adj.* alive, living § 3, § 12.1, § 21.1; **ж. бꙑти** to live.

жизнь *f.* life § 48.6.

жила *f.* vein, sinew; **жилами ослаблюнъ** paralysed, sick of the palsy.

жилище *n.* abode, dwelling-place.

жити, живѫ, живеши to live § 48.6, § 62.7.

житиѥ *n.* life.

житьница *f.* barn.

жрьтва *f.* sacrifice § 48.3.

жрьти, жьрѫ, жьреши to sacrifice § 34.3, § 48.2, 3, § 60.2, § 69.2*g*, § 94*a*.

жрѣбии *m.* lot.

жьдати, жидѫ (жьдѫ), жидеши to wait (for), expect § 21.1, § 63.1.

жѧдати, жѧдаѭ, жѧдаѥши to desire, long for (*with gen.*).

жѧдати (жѧдѣти), жѧждѫ, жѧждеши to thirst § 65.1, § 92, § 96.3*b*, § 97*d*.

жѧдьнъ (жѧждьнъ) *adj.* thirsty.

жѧти, жьнѫ, жьнеши to reap § 21.1, § 65.1, § 96.2*f*.

З

за *prep.* (*with acc.*) for, because of; by; (*with instr.*) behind; (*with gen.*) on, at (in expressions of time) § 102.2; **з. не** because.

зависть *f.* envy § 38.2, § 43, § 47, § 50*g*.

завѣтъ *m.* covenant, testament.

за-вѣщати, -вѣщаѭ, -вѣщаѥши to make a covenant; zavuekati (Freis. II) solemnly renounce (?).

завѧзати, -вѧзаѭ -вѧзаѥши bind up, mend.

зади *adv.* behind § 99.1; **съ з.** behind, from behind.

задѣти, -дѣѭ, -дѣѥши to force, compel.

за-клинати, -клинаѭ, -клинаѥши to adjure, conjure.

заколѥниѥ *n.* slaughtering.

законопрѣстѫпьнъ *adj.* unlawful, sinful.

законъ *m.* law.

законьникъ *m.* lawyer; priest (Kiev Miss., Freis. III).

Закьхеовъ *adj.* of Zacchaeus.

заматорѣти -ѣѭ -ѣѥши to grow old.

замꙑслъ *m.* understanding, intelligence.

западъ *m.* west § 50*c*.

заповѣдь *f.* commandment.

за-стѫпити, -стѫплѭ, -стѫпиши to care for, protect, sustain.

застѫпьникъ *m.* protector.

за-творити, -творѭ, -твориши to shut § 92.

Захариꙗ *m.* Zacharias § 45.

захариинъ (захарꙑинъ) *adj.* of Zacharias.

за-щитити, -щищѫ, -щитиши to protect § 29.13.

зачѧло *n.* beginning.

за-чѧти, -чьнѫ, -чьнеши to begin, conceive (a child) § 79.

заѥмъ *m.* loan.

за-ѩти, -имѫ, -имеши to borrow.

звѣрь *m.* animal, beast § 43, § 48.6.

Зеведеи *m.* Zebedee.

зеведеовъ *adj.* of Zebedee.

земльскъ *adj.* earthly § 17*c*.

землꙗ *f.* earth, land, ground § 17*b*, § 39*e*, § 46.1.

земьнъ *adj.* earthly, of the earth.

златица *f.* gold coin.

змиꙗ *f.* serpent § 39I*e*, § 49.

знамениѥ *n.* sign § 12.3, § 38.1.II.2.*b*, § 40.2, § 49, § 65.2.

зълоба *f.* evil, trouble (Zogr., Mt. vi. 34) § 34.6, § 48.7.

зълодѣи *m.* evil-doer.

зълодѣинъ *adj.* of the evil-doer (devil).

зълъ *adj.* bad, evil § 47, § 48.7, § 51.1*c*.

зъль *f.* evil, wickedness § 33.3, § 38.2, § 47.

зьрѣти, зьрѭ, зьриши to see, behold § 96.2*h*, § 97*d*.

зѫбъ *m.* tooth § 13.1.

И (Ꙇ, І)

и *conj.* and, also, even § 104.

ибо *conj.* for § 104.

игоумень *m.* abbot.

иде, идеже *rel. conj.* where § 100, § 104.

иереи (иѥреи) *m.* priest § 40.1*e*, § 45.

ижде *conj.* since, because § 100.

иждити, иждивѫ, иждивеши to spend (in addition [Savv. Kn., L. x. 35]).

иже (ижь), ꙗже, ѥже *rel. pron.* who, which § 33.4, § 55.2.II, § 55.4.

из-бавити, -бавлѭ, -бавиши to deliver, save, free.

из-бавлениѥ *n.* salvation.

из-бъıти, -бѫдѫ, -бѫдеши to exceed, abound § 98*p*.

избъıтъчьствовати, избъıтъчьствоуѭ, избъıтъчьствоуѥши to abound.

из-вести, -ведѫ, -ведеши to lead out, drive forth § 90.

из-влѣщи, -влѣкѫ, -влѣчеши to pull out, draw (the sword).

изволеникъ *m.* one who is chosen.

из-волити, -волѭ, -волиши to choose; **и. сѧ** to seem good.

извѣстьнъ *adj.* certain, definite.

из-глаголати, -глаголаѭ, -глаголаѥши to utter, speak.

из-гонити, -гонѭ, -гониши to drive out, persecute.

из-гънати, -женѫ, -женеши drive out, persecute § 92.

издалече *adv.* from afar, far off.

издраилѥвъ *adj.* of Israel § 50*a*.

Издраиль *m.* Israel.

издрѣшениѥ *n.* redemption, liberation.

из-дъхнѫти, -дъхнѫ, -дъхнеши to expire.

из-ити, -идѫ, -идеши to go out, go forth, come out § 92.

излиха *adv.* to excess, vehemently.

из-мѣнити, -мѣнѭ, -мѣниши to change.

из-мѣнꙗти, -мѣнꙗѭ, -мѣнꙗѥши *see* **измѣнити.**

из-не-мощи, -могѫ, -можеши to be impossible.

из-ѧти, -ьмѫ, -ьмеши to take out.

или *conj.* or § 104.

Илиинъ *adj.* of Elias.

Илиꙗ *m.* Elias.

иманиѥ *n.* taking, gathering.

имѣниѥ *n.* property, goods § 48.2.

имѣти, имѣѭ, имѣѥши and **имамь, имаши** to have (*also an auxiliary forming the future tense*); **имѣ** was able (Gr. ἔσχεν Mar., Mk. xiv. 8) § 3, § 61.V, § 65.2, § 86, § 96.4*b*, § 98*r*.

имѧ *n.* name § 12.4, § 38.1.V, § 44.2, § 50*h*.

ин́окость *f.* pilgrimage, wandering.

иноплеменьникъ *m.* stranger, foreigner (Gr. ἀλλόφυλος).

иночѧдъ *adj.* only-begotten.

инъ *adj.* other; fresh, new (Mar., Mk. xiv. 25) § 48.2, § 55.2.I, 2.II*b*.

инъде *adv.* elsewhere § 100.

инъдиктъ *m.* indiction.

иоановъ *adj.* of John.

Иоанъ (Иоан'нъ) *m.* John.

Иорданъ *m.* Jordan.

юръданьскъ *adj.* of Jordan.

иосиовъ *adj.* of Joses.

Иосифъ *m.* Joseph.

Иродъ *m.* Herod.

Исаавовъ *adj.* of Esau.

Исакъ *m.* Isaac.

иселити (< **из-с-**), **-селѭ, -селиши** to drive out, expel (from, *gen.*).

Искариотьскъ *adj.* Iscariot.

искати, ищѫ (искѫ), ищѥши to seek § 21.2*b*, § 22.1, § 30.1*a*, § 63.2, § 63.3, § 96.3*b*.

искони *adv.* from the beginning, in the beginning § 24.

искрьнь *adj.* near; (*as masc. noun* = ὁ πλησίον) neighbour.

ис-коусити, -коушѫ, -коусиши to test, try, tempt.

ис-коушати, -коушаѭ, -коушаѥши *see* **искоусити.**

ис-плънити, -плънѭ, -плъниши to fill, fulfil.

ис-по-вѣдати, -вѣдаѭ, -вѣдаѥши *see* **исповѣдѣти.**

исповѣдь *f.* confession.

исповѣдьнъ *adj.* OHG *bigihtîg*; **и. быти** to confess.

ис-по-вѣдѣти (сѧ), -вѣмь, -вѣси to profess; utter; confess.

ис-правити, -правлѭ, -правиши to correct, set in order.

ис-просити, -прошѫ, -просиши to ask for, demand.

истина *f.* truth § 48.6; **въ истинѫ** truly.

истиньнь *adj.* true.

ис-топити сѧ, -топлѭ, -топиши to suffer shipwreck.

ис-тъкнѫти, -тъкнѫ, -тъкнеши to pluck out.

исоусовъ *adj.* of Jesus § 50*a*.

Исоусъ *m.* Jesus § 50*a*.

ис-ходити, -хождѫ, -ходиши to go out.

исходъ *m.* exit.

и-сыпати (< **из-с-**), **-сыплѭ, сыплѥши** to cast (*lit.* pour) out.

и-сѣщи (< **из-сѣк-**), **-сѣкѫ, -сѣчеши** to cut out.

ити, идѫ, идеши to go § 62.7, § 69.1*c*, § 79, § 90, § 91, § 94*f*, *l*, § 97*b*.

и-цѣлити (< **ис-ц-**), **-цѣлѭ, цѣлиши** to heal § 79.

и-цѣлѣти (< **ис-ц-**), **-цѣлѣѭ, -цѣлѣѥши** to recover, be healed § 27.3.

Июда *m.* Judas § 39*h*, § 45, § 50*a*.

июдеискъ *adj.* Jewish.

Июдеꙗ *f.* Judaea § 32.5.

июдовъ *adj.* of Judah.

иꙗковль *adj.* of Jacob.

Иꙗковъ *m.* James, Jacob.

Иероусалимъ *m.* Jerusalem.

Іѣнъ *m.* John (Prague Fr.).

ђ

ђеона *f.* hell § 2.II Note 1, § 3*a*, § 45.

ђетъсимани (**ђедсимани**) Gethsemane § 2.II Note 1.

К

кадило *n.* incense § 48.4.

кадильнъ *adj.* of incense.

како *adv.* how.

какъ, кака, како *pronominal adj.* of what kind § 30.3.

камень *m.* stone, rock, § 44.2.

камо *interrogative and relative adv.* whither § 100.

канагалилѣискъ *adj.* of Cana in Galilee.

Каперънаоумъ *m.* Capernaum.

каꙗти сѧ, каѭ, каѥши to repent § 96.3*a*.

квасъ *m.* ferment; **творенъ квасъ** a fermented drink (Gr. *σίκερα*).

Кела нова *f.* *Κελλανόβα.*

кентурионъ *m.* centurion.

кесаръ (**кесарь**) *m.* Caesar, (Roman) emperor § 2.II Note 7, § 50*a*.

Кириеѭ *scribal error for* **Кириноу** *from* **Киринъ** *m.* Quirinius.

кланꙗти сѧ, кланꙗѭ, кланꙗѥши to bow down before, worship (*with dat.*), do homage § 90.

Климентъ *m.* Clement.

Клиоскауръ *m.* *Κλοιοσκαύρη.*

клѣть *f.* chamber, cell.

ключити сѧ, ключѫ, ключиши to fall to one's lot, happen § 93.II.

ключь *m.* key.

клѧтва *f.* oath § 48.8.

клѧти, кльнѫ, кльнеши to swear, curse; **к. сѧ** to swear an oath § 48.8, § 62.4, § 69.2*c*, § 77.3.

ковъ *m.* insurrection.

ковьникъ *m.* insurgent.

когда *interrogative particle* when.

кокотъ *m.* cock.

колижьдо *adv. with relatives* . . . ever § 100.

колико *interrogative pron.* how many § 55.2.I.

коль *adv.* how (much) § 100.

кольми *adv.* by how much; how great § 99.6, § 100.

колѣно *n.* knee.

кондрать (конъдратъ, кодрантъ) *m.* κοδράντης, farthing.

Констѧтиньградъ *m.* Constantinople.

коньць *m.* end § 24, § 31*b*, § 33.1.

коньчина *f.* term, limit § 33.1.

корабль *m.* boat, ship § 2.II Note 7, § 17*c*, § 40.1.

корабьникъ *m.* sailor, seaman.

краи *m.* end, extremity § 16.5, § 37.6, § 38.1.II, § 40, § 46.1.

краниевъ *adj.* Mar., Mk. xv. 22 **краниево мѣсто** the place of a skull (Gr. κρανίου τόπος).

красти, крадѫ, крадеши to steal § 48.1, § 69.1*c*, § 94*e*.

кратъ *m.* time (in **три краты** thrice, &c.) § 59.4.

крижьнъ *adj.* of the cross.

кровъ *m.* roof.

кромѣшьнъ *adj.* outer.

кротъкъ *adj.* meek, gentle § 51.2*a*.

кръвоточивъ *adj.* with a flux of blood.

кръвь *f.* blood § 2.II Note 6, § 17*e*, § 33.1, § 44.1, § 50*h*.

крьстити, крьщѫ, крьстиши to baptize § 17*e*, § 93.IV.

крьстъ *m.* cross § 17*e*.

крѣпити сѧ, крѣплѭ, крѣпиши to grow strong.

крѣпость *f.* strength.

крѣпъкъ *adj.* strong, mighty § 33.1; comp. **крѣплии** § 51.1*b*.

коупити, коуплѭ, коупиши to buy § 3, § 19.3, § 90, § 93.IV.

коупъ *m.* heap; **въ коупѣ** together.

коуцига *f.* boiled wheat.

къ *prep. with dat.* to, towards.

къде *adv.* where § 34.2, § 100, § 104.

кънь *f.* (**къзни** Prague Fr. II A20 *is probably voc. for nom.*) manner; intrigue, conspiracy (?).

кънига *f.* writing, document, letter, book; **кънигы** the scriptures; **кънигы распоустънꙑѩ** writing of divorcement § 31, § 48.2.

кънижьникъ *m.* scribe.

кънѧѕь *m.* ruler, prince § 14.4,

§ 23.1*b*, § 25, § 30.3*a*, *f*, *g*, § 40.1*b*, *o*, § 50*a*.
кънѧжь *adj.* of a ruler § 50*a*.
къто *pron.* who, anyone § 33.1, § 34.2, § 55.3.
кыи, каꙗ, коѥ *pron.* what (kind of)? § 55.3.
кыиждо *pron.* any, every; anyone, everyone.
кысѣлъ *adj.* sour.
кѵрѣнинъ *m.* a Cyrenian.

Л

лаваановъ *adj.* of Laban.
лакати, лачѫ, лачеши *see* **алкати**.
лакъть *m.* cubit § 43*f*, § 44.4*c*.
ланита *f.* cheek; **бити за ланитѫ** to slap.
лачьнъ *adj.* hungry.
левѣитъ (**левѵѣитъ, левъѣиитъ, леоугитъ, леѵитъ, леѵѣии**) *m.* Levite § 45.
лежати, лежѫ, лежеши to lie, recline § 6.4, § 97*d*.
лешти, лѧгѫ, лѧжеши to lie down § 30.2*a*, § 48.1, § 62.7, § 93.I, § 94*i*.
левѵѣитъ *see* **левѣитъ**.
ли *conj.* either; or; (*interrogative particle*) Lat. *-ne* § 100, § 104.
ликъ *m.* dance, chorus, company.
лима why? (*from Aramaic* לְמָא).
лихоклѧтва *f.* false oath, perjury.
лихоꙗдениѥ *n.* gluttony.
лихъ *m.* excessive, vain; evil § 51.1*a*, *d*; **лихое сею** Zogr., Mt. v. 37 'whatsoever is more than these'; **лише** all the more, to excess.
лице *n.* face, countenance § 30.3*f*, § 37.6, § 38.1.II, § 40.2*d*, § 44.3.
лицемѣръ *m.* hypocrite.
лобъзати, лобъжѫ, лобъжеши to kiss § 93.III, § 96.3*b*.
ловьць *m.* hunter; fisher (Mt. iv. 19) § 48.2.
ложе *n.* bed § 40.2, § 48.1, § 49.
лозиѥ *n.* vine-branches.
лозьнъ *adj.* of the vine.
лоуна *f.* moon § 29.5.
лоучии *comp. adj.* better § 51.1*c*.
лъгати, лъжѫ, лъжеши to lie § 21.1, § 96.3*b*.
лъжа *f.* lie.
лъже съ-вѣстовати, -вѣстоуѭ, -вѣстоуѥши to bear false witness.
лъжь *adj.* lying, false § 21.1, § 34.4, § 49*b*, § 50*g*; **въ лъже клѧти сѧ** to forswear oneself; **лъжѫ** falsely.
лъжьнъ *adj.* lying, false.
льсть *f.* guile, cunning § 16.1.
лѣпота *f.* beauty; (Freis. III) pomp.
лѣсъ *m.* wood, forest.
лѣто *n.* year § 17*a*, § 37.6, § 38.II.2.
любити, любльѭ, любиши to love § 2.II Note 7, § 3, § 17*b*, § 66, § 77.1*c*, § 97*j*.

лю҄бо *conj.* or § 99.2; л. . . . л. either . . . or § 104.

любодѣинъ *adj.* of fornication.

любоништь *adj.* loving the poor (Gr. φιλόπτωχος).

любъ *adj.* pleasant, pleasing.

любы *f.* love § 38.1.V, § 44.1; любы сътворити to commit adultery § 44.1.

людиѥ *m.pl.* people § 41*b*, § 43*a*, § 48.6.

лютъ *adj.* terrible § 51.1*a*.

лѫкавъ *adj.* evil.

лѫкавьнъ *adj.* evil.

М

Магдалини *f.* the Magdalene § 39*b*, § 45, § 48.6.

маловѣръ *adj.* of little faith.

маломоштъ *m.* poor man § 47.

малъ *adj.* small; minor § 51.1*c*; мало *adv.* a little, few § 99.2.

мамбриискъ *adj.* of Mamre.

мамона *f.* mammon.

манастырь *m.* monastery.

манъна *f.* manna.

марининъ *adj.* of Mary.

Марија (Марьја) *f.* Mary.

мартъ *m.* March.

масло *n.* oil § 40.2*b*, § 48.5.

мати *f.* mother § 6.1, § 38.1.V, § 44.5, § 46.1.

медъ *m.* honey § 42.

метати, метѫ (мештѫ, метаѭ), метеши (метаѥши) to throw § 63.2, 3, § 96.3*d*.

мечь *f.* sword § 30.1*c*.

миловати, милоуѭ, милоуѥши to have mercy (on).

милосрьдиѥ *n.* compassion.

мило-срьдовати, -срьдоуѭ, срьдоуѥши to have mercy, feel compassion.

милосрьдъ *adj.* merciful.

милостивъ *adj.* merciful.

милостивьнъ *adj.* merciful.

милость *f.* mercy.

милостыни *f.* alms, mercy.

милъ *adj.* dear, pleasant.

мимо *adv.* past; м. ити (ходити) to pass by, away from § 92.

миръ *m.* world.

мирьнъ *adj.* peaceful.

младьньць *m.* infant.

младѣништь *m.* infant, babe.

млъва *f.* shouting, tumult.

млъвити, млъвлѭ, млъвиши to make a noise, disturbance.

мльчати, мльчѫ, мльчиши to be silent § 29.5, § 97*d*.

многоплодьнъ *adj.* fertile, prolific.

молитва *f.* prayer § 48.3.

молити, молѭ, молиши to beg, supplicate; м. сѧ to pray § 17*a*, § 48.3, 7, § 60.2, § 61.IV*a*, § 70, § 77.1*c*, § 93.IV, § 97.

море *n.* sea § 2.II Note 7, § 3, § 17*a*, § 40.1, § 46.2.

Мосеа *m.* Moses § 45, § 50*a*.

мошти, могѫ, можеши to be able § 29.11, § 30.1*b*, § 48.3, § 62.5, § 69.1*c*, § 70*a*, § 80, § 94.

Моѷси *m.* Moses § 45, § 50*a*.

мразъ *m.* frost.

мрьзъкъ *adj*. abominable.
мрьтвъ *adj*. dead § 16.2, § 37.5*a*.
мрѣжа *f*. net.
мъногъ *adj*. much, great, manifold, many § 33.1, § 34.7, § 51, 2, § 55.2.I.
мъножьство *n*. multitude.
мьзда *f*. reward § 20.1, § 22.1, § 34.5.
мьздоимьць *m*. tax-gatherer, publican.
мьнии *comp. adj*. smaller, lesser; least § 51.1*c*.
мьнѣти, мьнѭ, мьниши to think § 97*d*; м. сѧ to appear, seem.
мьсть *f*. revenge.
мьша *f*. mass.
мъıслити, мъıшлѭ, мъıслиши to think § 3, § 79, § 97*a*.
мъıсль *f*. thought § 43.
мъıшьца *f*. arm (-muscle) § 30.3*f*.
мѣра *f*. measure.
мѣрити, мѣрѭ, мѣриши to measure, mete.
мѣсто *n*. place, spot § 40.2, § 49.
мѣсѧць *m*. month § 23.2*b*, § 30.3*f*.
мѣсѧчьнъ *adj*. lunatic.
мѧкъкъ *adj*. soft, fat § 30.3*a*.
мѫдити, мѫждѫ, мѫдиши to delay § 35.2, 4, 6, 7.
мѫдрость *f*. wisdom § 38.2.
мѫдръ *adj*. wise.
мѫжь *m*. man § 16.5, § 34.5, § 38.1.II, § 40.1, § 46.1.
мѫжьскъ *adj*. of man.
мѫка *f*. torment § 35.5.
мѫченикъ *m*. martyr.
мѫченица *f*. martyr.
мѫчение *n*. suffering.
мѫчити, мѫчѫ, мѫчиши to torment § 93.IV, § 97*a*.
мѩнъна *see* манъна.

Н

на *prep*. (*with loc*.) on; in; (*with acc*.) on to, against, for (*of duration*) § 3, § 102.2.
на-вести, -ведѫ, -ведеши to introduce, guide.
нагъ *adj*. naked.
надъ *prep*. (*with acc*.) over, upon; (*with instr*.) over, above § 102.2.
Назаретъ *m*. Nazareth.
назаретьскъ *adj*. of Nazareth.
назарѣнинъ *m*. Nazarene § 48.6.
на-ити, -идѫ, -идеши to enter into, come upon § 92.
намѣстьникъ *m*. successor; representative.
на-падати, -падаѭ, -падаеши § 90; *see* напасти.
на-пасти, -падѫ, -падеши to fall upon, beat upon.
напасть *f*. temptation; творити напасть use despitefully (Zogr., Mt. v. 44).
на-паıати, -паıаѭ, -паıаеши *see* напоити.
на-пльнити, -пльнѭ, пльниши to fill.

на-поити, -поѭ, -поиши to give to drink.

на-правити, -правлѭ, -правиши to direct.

на-пьсати (-писати), -пишѫ, -пишеши to write down, inscribe, enroll.

на-решти, -рекѫ, -речеши to name, call, appoint § 65.2, § 96.4*a*.

на-рицати, -рицаѭ, -рицаѥши to name, call § 30.2*a*, § 65.2, § 96.3, 4*a*, *b*.

народъ *m.* multitude, people.

наръдьнъ *adj.* of nard.

на-садити, -саждѫ, -садиши to plant.

насилиѥ *n.* violence.

на-слаждати сѧ, -слаждаѭ, -слаждаѥши to enjoy.

на-слѣдити, -слѣждѫ, -слѣдиши to inherit; to follow, imitate.

на-слѣдовати, -слѣдоуѭ, -слѣдоуѥши *see* **наслѣдити** § 65.3.

на-слѣдьствовати, -слѣдьствоуѭ, -слѣдьствоуѥши to inherit.

настоꙗти, -стоѭ, -стоиши to be present; **настоѩштъ** present.

на-сытити, -сыщѫ, -сытиши to fill, satisfy.

на-троути, -тровѫ, -тровеши to feed.

на-оустити, -оущѫ, -оустиши to persuade.

на-оучити, -оучѫ, -оучиши to teach, instruct.

на-чинати, -чинаѭ, -чинаѥши to begin.

начѧло *n.* beginning § 48.5.

на-чѧти, -чьнѫ, -чьнеши to begin § 24, § 48.5, § 69.2*c*, *i*, § 86, § 94*b*.

не *adv.* not § 101, § 104.

небесьнъ *adj.* of heaven, of the air.

небесьскъ *adj.* heavenly, of heaven.

небо *n.* heaven § 26, § 44.3.

небо *conj.* for, as.

небытиѥ *n.* non-existence, non-being.

не-годовати, -годоуѭ, -годоуѥши to be indignant.

недѣлꙗ *f.* Sunday; *acc. plur.* nedela (< -ę) (Freis. I) holy days (?).

недѫгъ *m.* disease.

незавидьливъ *adj.* without envy.

неключимъ *adj.* useless, superfluous.

немилостивъ *adj.* merciless.

немощьнъ *adj.* weak.

немѣрьнъ *adj.* measureless, infinite.

не-на-видѣти, -виждѫ, видиши to hate.

ненависть *f.* hatred.

неплодъı *f.* barren (woman) § 44.1.

непосрамлѥнъ *adj.* without shame.

неправьдьнъ *adj.* unjust.
непраздьнъ *adj.* pregnant.
неприıазнинь *adj.* of the devil.
неприıазнь *f.* the evil one, the devil § 47.
нерѫкотворенъ not made by hands.
ни *conj. and adv.* not; no; neither; nor § 101, § 104.
ниже *comp. adv.* below § 51.1*d*; до ниже to the bottom.
низоу *adv.* below § 35.2, § 99.1.
низъложити, -ложѫ, -ложиши to put down.
никакъ *pronominal adj.* no, not any.
Никодимъ *m.* Nicodemus.
Никола *m.* Nicholas.
николиже, nikoligeſe (Freis. II) *adv.* never.
никътоже *pron.* no one § 55.3*f*, § 101.
никъıи *pron. adj.* no, none § 55.3*d*.
нищь *adj.* poor § 49.
ниць *adj.*: паде ниць fell on his face.
ничьтоже (ничьже) *pron.* nothing § 55.3*f*, § 101.
нога *f.* leg, foot § 39*a*.
ножь *m.* sword.
носити, ношѫ, носиши to carry, bear § 90, § 93.IV, § 97*b*.
нощь *f.* night § 29.11, § 30.1*b*, § 31*b*, § 34.7, 8, § 99.3.
нощьнъ *adj.* nightly, of night.
нъ *conj.* but § 104.
нъıнѣ *adv.* now § 99.1, § 100.
нѣдра *n.pl.* bosom.
нѣкъıи *pronominal adj.* a certain § 55.3*d*.
нѣмъ *adj.* dumb.
нѣчьто *pron.* something, anything § 55.3*f*.
нѫдьми *adv.* of necessity § 99.6.
нѫжда *f.* necessity § 35.9, § 54.

O

о *prep.* (*with acc.*) on, by; (*with loc.*) about, concerning; around, by § 102.2.
о (ѡ) *interjection* oh! § 105.
оба обѣ *dual num.* both § 55.2.I, § 59.3.
обаче *conj. or adv.* but, yet, after all, only § 99.2.
об-имати, -ıемлıѫ, -ıемлıеши (-имаıѫ -имаıеши) to gather, pick (fruit).
обити (< об-вити), обиıѫ, обиıеши to wind, wrap § 5, § 29.9, § 92.
об-ити, -идѫ, -идеши to surround, walk around; go round, circulate § 92.
обитѣль *f.* lodging, inn.
область *f.* power, authority § 29.9.
об-личати, -личаıѫ, -личаıеши to accuse.
об-лобъıзати, -лобъıзаıѫ, -лобъıзаıеши to kiss § 92.
облѣщи, облѣкѫ, облѣчеши to clothe; о. сѧ въ (*with acc.*) to put on (clothes).

об-нищати, -нищаѭ, -нищаѥши to become poor § 96.4*b*.

образъ *m*. image, form.

обратити (обратити сѧ), обращѫ, обратиши to turn.

об-рѣзати, -рѣжѫ, -рѣжеши to circumcise.

обрѣсти, обрѧщѫ, обрѧщеши to find § 69.1*a*, § 80, § 96.2*a*, *g*.

обрѣтати, обрѣтаѭ, обрѣтаѥши *see* **обрѣсти**.

об-ржчити, -ржчѫ, -ржчиши to betroth.

обоути, обоуѭ, обоуѥши to put someone's shoes on § 96.1*a*, *e*.

о-боуꙗти, -боуꙗѭ, -боуꙗѥши to become foolish; to become tasteless.

обычаи *m*. custom § 30.1, § 48.1.

обѣдовати, обѣдоуѭ, обѣдоуѥши to dine.

обѣтъ *m*. vow, promise.

обѣщати, обѣщаѭ, обѣщаѥши to promise.

обѧзати (< **об-в-**), **обѧжѫ, обѧжеши** to bind up.

об-ѧти, -ьмѫ, -ьмеши to comprehend, apprehend, take, receive.

овогда *adv*. then § 100; **о. . . . о** now . . . now, sometimes . . . sometimes.

овощьнъ *adj*. of fruit.

овъ, ова, ово *pron*. that; **о. . . . о** the one . . . the other § 55.2.I, 2.II*b*.

овьнъ *m*. ram.

овьца *f*. sheep § 7.2, § 23.2*b*, § 30.3, § 39, § 47, § 48.2, § 50*a*.

овьчь *adj*. of a sheep, sheep's § 50*a*.

огнь *m*. fire § 18, § 29.5, § 43*a*, § 50*c*.

огньнъ *adj*. fiery, of fire § 50*c*.

о-градити, -граждѫ, -градиши to fence in, guard § 47, § 92.

о-грѧсти, -грѧдѫ, -грѧдеши to go round, come round; **лѣта огрѧдѫщѣ** annually.

одежда *f*. clothing, raiment.

о-дръжати, -дръжѫ, -дръжиши to seize, hold.

о-дѣти (-дѣꙗти), -дѣѭ (-деждѫ), -дѣѥши to clothe.

о-жещи, -жегѫ, -жежеши to burn.

о-жити, -живѫ, -живеши to come to life.

о-клеветати, -клеветаѭ, -клеветаѥши to slander.

око *n*. eye § 7.2, § 44.3*a*.

о-ковати, -ковѫ, -ковеши to fetter; **окованъ** prisoner.

о-коньчати, -коньчаѭ, -коньчаѥши to conclude, complete, perfect.

окрьсть *adv*. *or prep*. round about, near by § 100.

олътарь *m*. altar § 7.1.

олѣи *m*. oil.

о-мочити, -мочѫ, -мочиши to dip.

о-мразити сѧ, -мражѫ, -мразиши to become odious, arouse disgust.

онъ *pron.* that (= *ille*); he § 55.1*a*, 2.I, § 2.II*b*.

оплатъ *m.* offering, host (cf. Lat. *oblata*, OHG oblât).

опона *f.* curtain § 37.5*g*.

оправьданиѥ *n.* justification, ordinance.

о-правьдити, -правьждѭ, -правьдиши to justify.

опрѣснъкъ *n.* unleavened bread.

о-прѣти сѧ, -пьрѫ, -пьреши to be supported (by, *dat.*); to beat against (*dat.*).

о-поустити, -поущѫ, -поустиши to lay waste.

орѫжиѥ *n.* weapon.

о-сиꙗти, -сиꙗѭ, -сиꙗѥши to shine upon.

о-скврънити, -скврънѭ, -сквръниши to defile.

о-слабити, -слаблѭ, -слабиши to weaken.

о-слѣпнѫти, -слѣпнѫ, -слѣпнеши to grow blind § 64.2.

осмъ *num.* eighth § 59.2.

о-сновати, -сноуѭ, -сноуѥши to found.

о-солити, -солѭ, -солиши to salt.

оставити, -ставлѭ, ставиши to leave, forsake; to permit.

оставлѥниѥ *n.* remission, forgiveness.

о-стати, -станѫ, -станеши to remain; to abandon (*with gen.*); **остани ѥѩ** (Mar., Mk. xiv. 6) let her alone.

острогъ *m.* stake § 48.9.

о-сѣнити, -сѣнѭ, -сѣниши to overshadow.

о-сѫдити, -сѫждѫ, -сѫдиши to judge, condemn.

о-сѫждати, -сѫждаѭ, -сѫждаѥши *see* **осѫдити.**

от-ити, -идѫ, -идеши to depart, go away.

отрокъ *m.* child; servant § 30.2, § 48.3.

отрочѧ *n.* child § 38.1V, § 44.4, § 48.3.

отъ *prep. with gen.* from, away from, of § 102.2; **отъ селѣ** from henceforth; **отъ нѥлиже** whence, from which § 104.

отъ-вратити, -вращѫ, -вратиши to turn away.

отъ-врѣсти, връзѫ, -връзеши to open § 37.5*d*, § 77.3.

отъ-врѣшти, -връгѫ, -вржеши to cast away; **о. сѧ** (*with gen.*) to deny.

отъ-вѣщавати, -вѣщаваѭ, -вѣщаваѥши *see* **отъвѣщати.**

отъ-вѣщати, -вѣщаѭ, -вѣщаѥши to answer § 96.4*b*.

отъ-дати, -дамь, -даси to give away, surrender.

отъ-кѫдоу *adv.* whence.

отъ-ложити, -ложѫ, -ложиши to put off, reject.

отъ-лѫчити, -лѫчѫ, -лѫчиши to cut off, separate.

отъ-метати сѧ, -метаѭ, -метаѥши to deny.

отънѥлиже *see* отъ.

отънѫдь *adv.* at all § 54, § 100.

отънѭдѣже *adv.* whence.

отъ-пасти, -падѫ, -падеши to fall.

отъ-поустити, -поущѫ, -поустиши to send away, yield, to release; forgive.

отъ-поущати, -поущаѭ, -поущаѥши § 92; *see* отъпоустити.

отъпоущениѥ *n.* remission, forgiveness.

отъ-ринѫти, -ринѫ, -ринеши to reject § 77.1*d*.

отъселѣ *adv.* henceforth.

отъ-ѩти (от-ѧти), от-ьмѫ, -ьмеши to take away § 92.

отьць *m.* father § 3, § 23.2*b*, § 29.1, § 30.3*f*, § 33.1, § 34.7, § 37.6, § 38.1.II, § 40.1*b*, *o*, § 47, § 48.3.

отьчьствиѥ *n.* family, tribe § 48.3.

оцьтъ *m.* vinegar.

оцьтънъ *adj.* of vinegar; mingled with myrrh (Mar., Mk. xv. 23).

о-цѣстити, -цѣщѫ, -цѣстиши to purge, purify.

о-чистити, -чищѫ, -чистиши to cleanse, purify § 31*c*.

П

Павьлъ (Паулъ) *m.* Paul.

пагоуба *f.* destruction § 102.1.

пажить *f.* pasture.

пакость *f.* harm.

пакы *adv.* again § 51.1*d*, § 100.

памѧть *f.* memory, memorial, monument § 14.2, § 102.1.

папа *m.* pope.

папежь *m.* pope.

параскевьћи *f.* the Preparation (Gr. παρασκευή) § 45.

паска *see* пасха § 30.2*b*.

пасти (сѧ), падѫ, падеши to fall § 60.2*a*, § 69.1*c*, § 80, § 90, § 93.I, § 94*a*.

пасти, пасѫ, пасеши to guard, keep, pasture § 62.2, § 94*a*.

пастоухъ *m.* shepherd.

пастырь *m.* shepherd.

пасха f. Easter; Passover.

патриарховъ *adj.* of the patriarch.

патриархъ *m.* patriarch.

патриаршьскъ *adj.* of the patriarch.

патриаршьство *n.* patriarchate, office of patriarch.

паче *adv.* more, rather § 51.1*d*, § 99.2.

Петръ *m.* Peter § 45.

пещи, пекѫ, печеши to bake, burn § 81, § 94*h*; п. сѧ to be anxious about (*instr.* or о).

печаль *f.* grief § 38.2.

печальнъ *adj.* sad, downcast.

Пилатъ *m.* Pilate.

писмѧ *n.* letter; jot § 44.2.

пистикии *f.* (Mar., Mk. xiv. 3) = Gr. πιστική (νάρδος), genuine, *probably made into a noun in error by the translator*.

пити, пьѭ, пьѥши to drink

§ 12.1, § 48.8, § 69.2*a*, *i*, § 96.1*a*, *c*, § 97*c*.

питѣти, питѣѭ, питѣѥши to feed § 96.4*b*, § 97*h*.

пища *f.* food.

плакати, плачѫ, плачеши to weep § 24, § 96.3*b*; **п. сѧ** (*with gen.*) to weep at, over.

плащаница *f.* linen cloth, shirt.

плачь *m.* weeping § 34.8.

плодъ *m.* fruit § 50*h*.

плъть *f.* flesh § 2.II Note 6, § 17*e*, § 33.1.

плътьскъ *adj.* of the flesh.

пльвати, плюѭ, плюѥши to spit § 17*e*, § 37.5*c*, § 65.1, § 96.3*a*, *c*.

плѣнъ *m.* captivity.

по *prep.* (*with acc.*) throughout; (*with dat.*) along, about; according to; (*with numerals*) . . . each; (*with loc.*) after § 102.2; **по нѥже** as, forasmuch as; botomu (Freis. II) = **по томоу** therefore.

по-бъдѣти, -бъждѫ, -бъдиши to watch, wake.

по-бѣдити, -бѣждѫ, -бѣдиши to conquer; to compel (Freis. II).

по-велѣти, -велѭ, -велиши to order, command.

повиньнъ *adj.* guilty, liable.

по-вити, -виѭ, -виѥши to wrap, swaddle § 77.4.

по-вѣдати, -вѣдаѭ, -вѣдаѥши to relate, tell, proclaim § 98*k*.

по-вѣдѣти, -вѣмь, -вѣси to tell, relate.

повелѣниѥ *n.* decree.

повѣсть *f.* narrative, tale.

поганьскъ *adj.* heathen.

по-грабати, -грабаѭ, -грабаѥши to bury § 37.5*a*.

погребениѥ *n.* burial.

по-гоубити, -гоублѭ, -гоубиши to lose.

по-гыбати, -гыблѭ, -гыблѥши § 29.5, § 96.3*b*; *see* **погыбнѫти.**

по-гыбнѫти, -гыбнѫ, -гыбнеши to perish § 29.5, § 48.5.

по-дати, -дамь, -даси to give, present, grant § 92.

по-двигнѫти сѧ, -двигнѫ, -двигнеши to hasten.

подобати, подобаѭ, подобаѥши to be fitting, necessary.

по-добити, -доблѭ, -добиши to liken, make similar; to be due, fitting; **п. сѧ** to resemble; agree.

подобьнъ *adj.* similar; convenient (**въ подобьно врѣмѧ** Mar., Mk. xiv. 11 = Gr. εὐκαίρως) § 34.2.

подражати, подражаѭ, подражаѥши to mock.

подроугъ *m.* neighbour, companion.

подрꙗжати *see* **подражати.**

подъ *prep. with acc. and instr.* under § 102.2.

подъ-копавати, -копаваѭ, -копаваѥши *see* **подъ-копати.**

подъ-копати, -копаѭ, -копаѥши undermine, dig through § 92.

подъножиѥ *n.* footstool § 48.1.

подъпѣга *f.* divorced woman.

по-жидати, -жидаѭ, -жидаѥши to wait.

поздѣ *adv.* late § 99.1.

по-знати, -знаѭ, -знаѥши to know, get to know.

по-зъвати, -зовѫ, -зовеши to invite, summon.

по-имати, -ѥмлѭ, -ѥмлѥши to take, marry.

по-кадити, -каждѫ, -кадиши to burn incense.

по-казати, -кажѫ, -кажеши to show § 92.

покаꙗзнь *f.* repentance.

по-каꙗти сѧ, -каѭ, -каѥши to repent § 32.5.

покланꙗниѥ *n.* worship, adoration.

по-кланꙗти сѧ, -кланꙗѭ, -кланꙗѥши to bow down.

по-клонити сѧ, -клонѭ, -клониши to bow down, stoop down; to worship (*with dat.*).

покровъ *m.* covering, shelter.

по-къıвати, -къıваѭ, -къıваѥши to shake (*with instr.*).

по-лагати, -лагаѭ, -лагаѥши to lay, lay down, establish.

по-ложити, -ложѫ, -ложиши to put, place § 48.1.

полъ *m.* half; side § 42, § 59.5.

польꙃа *f.* advantage, profit § 25, § 30.3*f.*

по-мавати, -маваѭ, -маваѥши to make signs.

по-мазати, -мазаѭ (-мажѫ), -мазаѥши (-мажеши) to anoint.

по-манѫти, -манѫ, -манеши to make signs, indicate.

по-миловати, -милоуѭ, -милоуѥши to have mercy on.

по-молити сѧ, -молѭ, -молиши to pray.

по-мощи, -могѫ, -можеши to help § 92.

помощь *f.* help.

помощьникъ *m.* helper.

по-моудити, -моуждѫ, -моудиши to delay, linger.

по-мъıслити, -мъıшлѭ, -мъıслиши to think, reason.

по-мъıшлꙗти, -мъıшлꙗѭ, -мъıшлаѥши *see* **помъıслити.**

помъıшлѥниѥ *n.* thought; mind, understanding § 79.

по-мьнѣти, -мьнѭ, -мьниши to remember.

помѣнѫти (помѧнѫти), помѣнѫ, помѣнеши to remember § 35.2, 5, 6, § 69.2*d*; pomenem ze (Freis. II) = **помѣнѣмъ сѧ.**

по-мѣтати, -мѣтаѭ, -мѣтаѥши to throw.

по-носити, -ношѫ, -носиши (*with dat.*) to reproach § 92.

поношениѥ *n.* reproach.

по-пирати, -пираѭ, пираѥши *see* **попьрати.**

по-пьрати, -перѫ, перешм to trample (on).

по-разити, -ражѫ, -разиши to smite, kill.

порокъ *m.* blame.

порѫганиѥ *n.* derision, blasphemy.

по-рѫгати сѧ, -рѫгаѭ, -рѫгаѥши to deride, blaspheme.

по-рѫчити, -рѫчѫ, -рѫчиши to commend, entrust.

по-слоушати, -слоушаѭ, -слоушаѥши to listen (to) § 50*g*.

послѣдь *adv.* afterwards, later.

послѣдьнь *adj.* last.

по-срамити, -срамлѭ, -срамиши to shame, put to shame.

по-ставити, -ставлѭ, -ставиши to put, place, dispose of, appoint.

по-ставлꙗти, -ставлꙗѭ, -ставлꙗѥши *see* поставити.

по-стигнѫти, -стигнѫ, -стигнеши to reach, attain, come.

постити сѧ пощѫ, постиши to fast § 97*a*.

постъ *m.* fast.

по-стьлати, -стелѭ, -стелеши to spread, strew (Mar., Mk. xiv. 15); 'furnish' [*scil.* with cushions].

по-сълати, -сълѭ, -сълѥши to send.

по-сѣкати, -сѣкаѭ, -сѣкаѥши to cut down.

по-сѣтити, -сѣщѫ, -сѣтиши to visit.

потрѣба *f.* need.

похвала *f.* praise, glory § 47.

похоть *f.* will, lust, desire.

по-хризмити to anoint.

по-щѧдѣти, -щѧждѫ, -щѧдиши to spare, have mercy (on).

по-чивати, -чиваѭ, -чиваѥши to rest.

по-чисти, -чьтѫ, -чьтеши to honour; to read; *g. pl. p. part. pass.* poſtenih (Freis. I) recite.

по-читати, -читаѭ, -читаѥши to read.

по-ꙗсти, -ꙗмь, -ꙗси to devour.

поꙗсъ *m.* girdle.

по-ѩти, -имѫ, -имеши to take; impress (Zogr., Mt. v. 41).

правъ *adj.* straight; right § 48.4, § 54, § 99.6.

правьда *f.* righteousness, justice § 34.2, § 48.4, § 50*g*.

правьдьнъ *adj.* just, righteous § 33.1.

праздьникъ *m.* holiday, feast-day, feast.

прапрѫдъ *m.* purple.

при *prep. with loc.* by, near § 102.2.

при-ближати, -ближаѭ, -ближаѥши *see* приближити.

при-ближити сѧ, -ближѫ, -ближиши to approach, be at hand.

прибꙑтъкъ *m.* profit, gain.

при-бѣгати, -бѣгаѭ, -бѣгаѥши to take refuge (with, къ).

при-валити, -валѭ, -валиши to roll (up to).

при-вести, -ведѫ, -ведеши to bring (up, to), lead § 92.

придѫтъ (Zogr., Mt. vi. 28) *error for* прѧдѫтъ; *see* прѧсти.

при-зъвати, -зовѫ, -зовеши to summon, call (together) § 37.5*a*.

при-зьрѣти, -зьрѭ, -зьриши to look upon.

при-иждити, -иждивѫ, -иждивеши to spend in addition.

при-имати, -ѥмлѭ, -ѥмлѥши to receive § 90, § 96.3*d*.

приключаи *m.* happening, coincidence § 48.1.

при-коснѫти сѧ, -коснѫ, -коснеши to touch (*with loc.*).

при-крывати, -крываѭ, -крываѥши to cover.

при-лежати, -лежаѭ, -лежаѥши to take care of, look after (*with loc.*).

при-ложити, -ложѫ, -ложиши to add to (*loc.*) § 47.

при-нести, -несѫ, -несеши to bring, offer § 90, § 91, § 94.

при-никнѫти, -никнѫ, -никнеши to incline.

приносъ *m.* offering, oblation.

при-пасти, -падѫ, -падеши to come up.

прискръбьнъ *adj.* very sorrowful.

присно *adv.* always.

при-спѣти, -спѣѭ, -спѣѥши to come about, be at hand (Mar., Mk. xiv. 41).

при-страшити, страшѫ, страшиши to frighten.

при-стѫпити, -стѫплѭ, -стѫпиши to come up, approach § 2.II Note 7.

при-сѣтити, -сѣщѫ, -сѣтиши to visit.

прити (< при-ити), придѫ, придеши to come § 90.

при-ходити, -хождѫ, -ходиши to come § 90.

при-чисти, -чьтѫ, -чьтеши to reckon.

причѧстиѥ *n.* participation.

при-ѩти, -имѫ, -имеши to take, receive; to help (Zogr., L. i. 54 = Gr. ἀντιλαμβάνομαι).

про-дати, -дамь, -даси to sell § 92.

про-казити, -кажѫ, -кажеши to spoil; прокаженъ *adj.* leprous.

про-ливати, -ливаѭ, -ливаѥши *see* пролити.

про-лити, -лиѭ, -лиѥши to shed.

про-лиꙗти, -лиꙗѭ, -лиꙗѥши *see* пролити.

про-по-вѣдати, -вѣдаѭ, -вѣдаѥши *see* проповѣдѣти.

про-по-вѣдѣти, -вѣмь, -вѣси to preach, proclaim.

про-пѧти, -пьнѫ, -пьнеши to crucify § 37.5*g*, § 79, § 92.

про-рещи, -рекѫ, -речеши to prophesy § 92.

пророкъ *m.* prophet § 50*a*.

пророчьствовати, пророчьствоуѭ, пророчьствоуѥши to prophesy.

про-свѣтити, -свѣштѫ, -свѣтиши to light, illuminate; просвѣтити сѧ to shine.

про-свѣщати, -свѣщаѭ, -свѣщаѥши *see* просвѣтити.

просити, прошѫ, просиши to ask (for) § 77.1*c*, § 93.IV.

про-славити, -славлѭ, -славиши to glorify.

про-сльзити сѧ, -сльжѫ, -сльзиши to weep, burst into tears.

про-смраждати, -смраждаѭ, -смраждаѥши to disfigure.

пространъ *adj.* wide.

про-стрѣти, -стьрѫ, -стьреши to spread out, develop § 69.2*i*.

простъ *adj.* simple, single.

противити сѧ, противлѭ, противиши to resist § 93.IV.

противъ *prep. with dat.* against § 27.1, § 99.2.

противьнъ *adj.* opposed; disobedient (ἀπειθεῖς Zogr., L. i. 17).

противѫ *prep. with dat.* against § 99.2, § 103.

про-ходити, -хождѫ, -ходиши to go about, through.

прочии *adj.* remaining § 55.3*g*; съпите прочеѥ (Mar., Mk. xiv. 41) sleep on.

про-ꙗвлꙗвати, -ꙗвлꙗваѭ, -ꙗвлꙗваѥши to reveal.

prъвъ *adj.* first § 2II, Note 6, § 16.2, § 17*e*, § 33.2, § 59.2*a*; *comp.* прьвѣи prior, earlier.

пръпьрище *n.* mile.

прьвѣньць *m.* first-born son.

прѣ-бывати, -бываѭ, -бываѥши to remain, continue, abide.

прѣ-быти, -бѫдѫ, -бѫдеши to abide, stay.

прѣ-гыбати, -гыбаѭ, -гыбаѥши to bend.

прѣдадителѥвъ *adj.* of a traitor.

прѣ-дати, -дамь, -даси to deliver, give up, betray § 92.

прѣ-даꙗти, -даѭ, -даѥши to give up, surrender.

прѣдрагъ *adj.* (very) precious § 102.1.

прѣдъ *prep. with acc. and instr.* before (*of place or time*) § 102.2.

прѣдъдворие *n.* porch.

прѣдъ-ити, -идѫ (прѣдъидѫ), -идеши (прѣдъидеши) to precede, go before § 92.

прѣдътеча *m.* forerunner § 39*h*.

прѣжде *adv.* formerly; (*prep. with gen.*) before § 101, § 103.

прѣ-зьрѣти, -зьрѭ, -зьреши to overlook, disdain.

прѣимьникъ *m.* successor.

прѣ-ити, -идѫ, -идеши to go on, forward, over, through; to pass away § 3*b*.

прѣ-ложити, -ложѫ, -ложиши to transfer, change.

прѣ-ломити, -ломлѭ, -ломиши to break.

прѣлюбы *f.* adultery.

прѣмилостивъ *adj.* most merciful.

прѣмо *prep. with dat.* opposite, against § 103.

прѣ-моудити, -моуждѫ, -моудиши to delay, linger.

прѣмѫдръ *adj.* most wise.

прѣ-нести, -несѫ, -несеши to transfer, carry over.

прѣ-образити, -ображдѫ, -образиши to transform, transfigure.

прѣподобиѥ *n.* holiness, sanctity.

прѣподобьнъ *adj.* venerable, holy, saintly.

прѣ-ставити сѧ, -ставлѭ, -ставиши to be transferred; to depart this life, die (Prague Fr.).

прѣставлѥниѥ *n.* transference; death.

прѣстолъ *m.* throne.

прѣ-стоꙗти, -стоѭ, -стоиши to stand by.

прѣ-стѫпати, -стѫпаѭ, -стѫпаѥши *see* **прѣстѫпити**.

прѣ-стѫпити, -стѫплѭ, -стѫпиши to transgress.

прѣтити, прѣщѫ, прѣтиши (*with dat.*) to threaten, scold.

прѣторъ *m.* praetorium.

прѣфациꙗ *f.* preface, introductory prayer (~ Lat. *praefatio*).

прѣчистъ *adj.* most pure.

прѣ-ꙗти, -имѫ, -имеши to receive, take.

прѧсти, прѧдѫ, прѧдеши to spin § 94*a*, *c*.

псалмъ (псалъмъ) *m.* psalm.

поустити, поущѫ, поустиши to let, leave; to utter; to put away (Zogr., Mt. v. 31) § 21.2*a*, § 93.IV, § 97*j*.

поустошь *f.* vain things.

поустꙑни *f.* desert, wilderness § 39*b*, § 48.6.

поуштати, поуштаѭ, поуштаѥши let, leave, put away (Mt. v. 32) § 6.4.

пътица *f.* bird.

пьрꙗ *f.* dispute.

пьсати (писати), пишѫ, пишеши to write § 3, § 33.1, § 34.7, § 61.III*b*, § 77.2, § 96.3*b*, *c*.

пьсъ *m.* dog.

пѣнѧѕь *m.* penny, *denarius* § 25, § 30.3*b*, *f*.

пѣснь *f.* song § 43, § 48.6.

пѣсъкъ *m.* sand.

пѣти, поѭ, поѥши to sing § 48.6, § 69.2*a*, § 96.1*a*, *c*.

пѧтикости (пѧнтътикости Prague Fr.) *f.* Pentecost, Whitsuntide.

пѫть *m.* path, way, road § 13.1, § 38.1.IV, § 43, § 46.1.

пѧтътикостиꙗ (**-ѥ** Prague Fr.) *f. see* **пѧтикости**.

Р

раба *f.* handmaid, servant § 48.1.

работати, работаѭ, работаѥши to work, (*with dat.*) serve.

рабъ *m.* slave, servant § 3, § 16.5,

§ 17*a*, § 33.1, § 36, § 37.6, § 40.1, § 46.1, § 48.1, 6, § 49.

рабꙑни *f.* maidservant § 39*b*, § 48.6.

равви *m.* master, Rabbi (Gr. ῥαββί from Aramaic).

равьнъ *adj.* equal, alike.

ради *prep. with gen.* on account of, for § 103.

радовати сѧ, радоуѩ, радоуѥши to rejoice; **радоуи сѧ** (Mar., Mk. xv. 18) hail! (= Gr. χαῖρε).

радость *f.* joy § 38.2, § 43*a*.

радостьнъ *adj.* joyous, glad.

радоштꙗ *f.* joy.

радъ *adj.* willing(ly), glad(ly).

раждешти (< *raz-g-), **раждегѫ, раждежеши** to inflame; **р. сѧ** to burn.

раз-арꙗти, -арꙗѭ, -арꙗѥши *see* **разорити.**

разбои *m.* robbery; murder.

разбоиникъ *m.* robber § 37.

раз-бѣгнѫти сѧ, -бѣгнѫ, -бѣгнеши to disperse, be scattered § 92.

раз-водити, -вождѫ, -водиши to divide, open.

развѣ *prep. with gen.* except, saving for § 103.

раздроушениѥ *n.* destruction.

раз-д-рѣшити, -рѣшѫ, -рѣшиши to unloose.

раз-дьрати, -дерѫ, -дереши to tear (up).

раз-дѣлити, -дѣлѭ, -дѣлиши to divide up § 92.

различьнъ *adj.* different.

раз-орити, -орѭ, -ориши to break, destroy.

разоумъ *m.* knowledge, understanding § 65.2, § 102.1.

раз-оумѣвати, -оумѣваѭ, -оумѣваѥши *see* **разоумѣти.**

разоумѣти, разоумѣѭ, разоумѣѥши to understand § 60.2*b*, § 65.2, § 93.III, § 96.4.

раи *m.* paradise.

рак'ка Gr. ῥακά empty, foolish (from Aramaic, *lit*: 'spitting').

распоустьнъ *adj.* of divorce.

распѫтиѥ *n.* cross-roads § 47.

расти, растѫ, растеши to grow § 48.5.

рас-точити, -точѫ, -точиши to scatter.

рас-трьгнѫти, -трьгнѫ, -трьгнеши tear to pieces, rend § 64.1.

рас-трьѕати, -трьѕаѭ, -трьѕаѥши *see* **растрьгнѫти.**

рас-тьлѣти, -тьлѣѭ, -тьлѣѥши to rot, be corrupted.

рачити, рачѫ, рачиши to deign, vouchsafe.

ремень *m.* thong, latchet § 44.2.

решти, рекѫ, речеши to say § 30.2*a*, § 62.5, § 69.2*f*, § 77*a*, § 80, § 91, § 93.I, § 94*h*.

риза *f.* garment, coat.

ризьница *f.* treasury.

ризьно *n.* garment.

римьскъ *adj.* Roman, of Rome.

Рифимиꙗ *f.* Ripsimia.

рованиꙗ *f.* gift, offering.

ρогъ *m.* horn § 30.1, § 50*e*.

ρодити, ρождѫ, ρодиши to give birth (to), bear § 3, § 37.5*a*, § 93.IV, § 97; **ρ. сѧ** to be born.

ρодъ *m.* generation § 3, § 42*b*.

ρождениѥ *n.* relations, kin.

ρождьство (**ρозъство** Prague Fr.) *n.* birth § 31*b*, *c*, § 35.10, § 40.2*b*.

ρозъсо Prague Fr.: scribal error for **ρозъство** = **ρождьство** q.v.

ρотити сѧ, ρощѫ, ρотиши to swear (an oath), curse.

ρоүмьскъ *adj.* Roman, of Rome.

ρьвьниѥ *n.* jealousy.

ρыба *f.* fish.

ρыбаρь *m.* fisherman § 41.

ρыдати, ρыдаѭ, ρыдаѥши to lament.

ρѣдъкъ *adj.* scarce; redka zloveza (Freis. I) few(?) words.

ρѣка *f.* river, stream, flood § 3.

ρѣпии *m.* thistle.

ρѣснотивьнъ *adj.* true.

ρѧдъ *m.* order § 17*a*.

ρѫгати сѧ, ρѫгаѭ, ρѫгаѥши to laugh at, mock; (*with dat.*) to blaspheme.

ρѫка *f.* hand § 23.2*a*, § 30.2, § 39*a*.

ρѫкотворенъ *adj.* made by hands § 47.

ρѵфовъ *adj.* of Rufus.

С

савахтани (Aramaic) thou hast forsaken me.

Савекъ *m.* Sabek.

садити, саждѫ, садиши to plant.

сакеларии, сакеларь *m.* treasurer.

Саломи *f.* Salome.

самарѣнинъ *m.* Samaritan.

самовидьць *m.* eyewitness, (Gr. αὐτόπτης).

Самоилъ *m.* Samuel.

самъ, сама, само *pronominal adj.* self § 55.2.I.

свинии, свиниꙗ *f.* swine.

свои his, her, &c. (own) § 52.2.II*f*.

свьтѣти (сѧ), свьщѫ, свьтиши to shine § 29.3, § 66, § 97*d*.

свѣтидлъна *see* **свѣтильна**.

свѣтильна *f.* hymn (Gr. φωταγωγικόν [τροπάριον]; *see* Vondrák, *Církovněslovanská chrestomatie*, p. 278).

свѣтильникъ *m.* lamp.

свѣтити, свѣштѫ, свѣтиши to shine § 21.2.

свѣтоносьнъ *adj.* light-bringing.

свѣтъ *m.* light; world § 29.3.

свѣтьлъ *adj.* light, bright.

свѣща *f.* light, fire (= Gr. φῶς Mar., Mk. xiv. 54).

свѣщьникъ *m.* lamp-stand.

свѧтити, свѧщѫ, свѧтиши to hallow, sanctify § 93.IV.

свѧтъ *adj.* holy § 14.1.

се *interjection* lo!, behold! § 105.

седмерицеѭ (**седморицеѭ**) *adv.* sevenfold § 59.6*a*.

село *n.* settlement; field; country § 11.2, § 40.2*b*.

сельнъ *adj.* of the field.
селѣ *see* **отъ** § 100.
Сиавна (Supr.) scribal error for **Силвиꙗ**.
сила *f.* strength, force, power.
Силвиꙗ *f.* Silvia.
сильнъ *adj.* strong, mighty.
Симонъ *m.* Simon.
Сионъ *m.* Zion.
Сириꙗ *f.* Syria.
сиꙗти, сиꙗѭ, сиꙗеши shine § 96.1*a*.
скврьность *f.* stain, pollution.
скоро *adv.* quickly.
скотъ *m.* beast.
скрьбьнъ *adj.* distressed, afflicted.
скрьбѣти, скрьблѭ, скрьбиши to grieve § 97*d*.
скрьжьтъ *m.* gnashing.
скѫдьльникъ *m.* pitcher.
слава *f.* glory § 3.
славити, славлѭ, славиши to glorify, praise § 3, § 97*a*.
славьнъ *adj.* famous, excellent.
слово *n.* word, thing said, reason (Gr. λόγος) § 7.4, § 38.1.V, § 40.2*d*, § 44.3, § 46.1.
слоуга *m.* servant, officer, minister § 30.2, § 39*h*, § 48.7.
слоужити, слоужѫ, слоужиши to serve.
слоужьба *f.* service § 34.7, § 48.7.
слоухъ *m.* hearing, report § 21.1.
слъньце *n.* sun § 15.2, § 40.2*b*, § 48.2.
сльза *f.* tear § 2.II Note 6, § 17*e*.
сльзьнъ *adj.* tearful, sad.
слъішати, слъішѫ, слъішиши to hear § 6.4, § 21.1, § 61.IV*b*, § 66, § 97.
слѣдъ *m.* trace, footstep § 65.3; **въ слѣдъ** (*with gen.*) after, behind.
слѣпъ *adj.* blind § 49*a*.
смокъі *f.* fig § 44.1.
снѣгъ *m.* snow § 10.3.
собота *f.* the Sabbath.
солило *n.* dish.
Соломонъ *m.* Solomon.
соль *f.* salt § 43.
сопьць *m.* flute-player.
Сотона *m.* Satan § 39*h*, § 45.
сотонинъ *adj.* of Satan.
спира *f.* cohort, unit (of soldiers) (Gr. σπεῖρα).
спъіти *adv.* vainly, without cause.
спѫдъ *m.* bushel.
срачица *f.* tunic, cloak.
сръдьце *n.* heart § 17*e*, § 20.2, § 27.2, § 30.3*f*, § 40.2, § 47, § 48.2.
срѣда *f.* centre, midst.
стадо *n.* flock.
старость *f.* old age.
старъ *adj.* old § 48.2, § 51.2, 4, § 57.
старьць *m.* elder § 48.2.
старѣишина *m.* captain.
стати, станѫ, станеши to stand, come to stand § 37.1*b*, § 64.3, § 90, § 95.
степеньнъ *adj.* of steps, of degrees.

столъ *m.* throne; table.

стоꙗти, стоѭ, стоиши to stand § 6.4, § 7.3, § 61.IV*b*, § 90, § 97*d*.

страдати, страждѫ, страждеши to suffer § 96.3*b*.

стража *f.* watch, guard.

страна *f.* region, country.

страньнъ *adj.* strange, alien, foreign.

страсть *f.* suffering, torment § 43.

страхъ *m.* fear.

строити, строѭ, строиши to prepare, arrange.

строупъ *m.* wound.

стрѣщи, стрѣгѫ, стрѣжеши to guard, keep § 94*c*.

стоуждь *see* **щоуждь**.

стьгна *f.* street.

стьѕа *f.* path § 25, § 30.3*f*, § 39.

соуи *adj.* § 48.3; **въ соуѥ** in vain.

соушити, соушѫ, соушиши to dry § 21.1.

съ *prep.* (*with instr.*) with; (*with gen.*) from, down from § 102.2.

съ-бирати, -бираѭ, -бираѥши to gather § 92.

съ-блажнꙗти (**-блажнати**), **-блажнꙗѭ, -блажнꙗѥши** *see* **съблазнити**.

съ-блазнити, -блажнѭ, -блазниши to lead astray, offend.

съблазнъ *m.* offence § 47.

съ-блюсти, -блюдѫ, -блюдеши to guard, preserve § 91.

съ-быти сѧ, -бѫдѫ, -бѫдеши to be fulfilled, come to pass § 98*p*.

съ-влѣщи, -влѣкѫ, -влѣчеши to undress, strip.

съ-врьшити, -врьшѫ, -врьшиши to perfect, complete, fulfil; **съврьшенъ** perfect.

съвꙑше *adv.* from above.

съвѣдѣтель *m.* witness § 48.3.

съвѣдѣтельство *n.* testimony, witness.

съвѣдѣтельствовати, съвѣдѣтельствоуѭ, съвѣдѣтельствоуѥши to testify, bear witness (to) § 96.4*b*.

съ-вѣдѣти, -вѣмь, -вѣси to be aware of, understand § 48.3, § 91, § 98.

съвѣтъ *m.* council, consultation.

съвѣтьникъ *m.* counsellor.

съ-вѧзати, -вѧжѫ, -вѧжеши to bind § 65.3, § 92.

съвѧзьнь *m.* prisoner.

съ-грѣшати, -грѣшаѭ, -грѣшаѥши *see* **съгрѣшити**.

съгрѣшениѥ *n.* offence, trespass.

съ-грѣшити, -грѣшѫ, -грѣшиши to sin.

съ-грѣꙗти, -грѣѭ, -грѣѥши to warm.

съдравиѥ *n.* health § 48.1.

съ-дѣлати, -дѣлаѭ, дѣлаѥши to do § 91, § 96.4.

съ-зьдати, -зиждѫ, -зиждеши to build.

съ-казати, -казаѭ, -казаѥши

to explain, relate, make known.

съ-коньчати -чаѭ -чаѥши end, finish.

съ-кровище *n.* treasure § 40.2*b*.

съ-кроушити, -кроушѫ, -кроушиши to break.

съ-крывати, -крываѭ, -крываѥши *see* **съ-крыти.**

съ-крыти, -крыѭ, -крыѥши to hide, amass, lay up (treasure).

съ-лагати, -лагаѭ, -лагаѥши to reflect on, ponder.

сълъ *m.* apostle, messenger.

съ-мирити, -мирѭ, -мириши to reconcile.

съ-миряти, -миряѭ, -миряѥши *see* **съмирити.**

съ-мотрити, -мотрѭ, -мотриши to observe, consider (with *gen.*) § 21.2*c*, § 97*a*, *j*.

съмрьтьнъ *adj.* of death.

съмыслъ *m.* reason, understanding.

съ-мѣрити, мѣрѭ, -мѣриши to humble; **съмѣрѥнъ** humble.

съмѣрьнъ *adj.* humble.

съмѣрѥниѥ *n.* humbling, humility.

съ-мѧсти сѧ, -мѧтѫ, -мѧтеши to grieve; to be troubled, afraid.

съмѧтениѥ *n.* uneasiness, distress.

съ-на-бъдѣти, -бъждѫ, -бъдиши to preserve.

сън-ити, -идѫ, -идеши *p. part. act.* **сънишьдъ** to come down; **с. сѧ** to come together, assemble § 92.

сънѣмище *n.* place of assembly, synagogue, council § 40.2*b*, § 48.2.

сънѣмъ *m.* assembly, council § 33.1, § 47, § 48.2.

сън-ѣдати, -ѣдаѭ, -ѣдаѥши *see* **сънѣсти.**

сън-ѣсти, -ѣмь, -ѣси to eat (up).

сън-ѧти, -ьмѫ, -ьмеши to take down § 3*b*, § 48.2.

съ-пасати, -пасаѭ, -пасаѥши to save; *p. part. act.* zpazal (Freis.) absolve, celebrate (?).

съпасениѥ *n.* salvation § 33.3, § 79.

съпаситель *m.* saviour.

съ-пасти, -пасѫ, -пасеши to save, rescue § 79.

съпасъ *m.* saviour.

съпати, съплѭ, съпиши to sleep § 17*b*, § 66, § 97*g*.

съплеменьникъ *m.* fellow-countryman.

съ-плести, -плетѫ, -плетеши to plait, weave.

съ-подобити, -подоблѭ, -подобиши to think fit, deem worthy.

съпричастьникъ *m.* participant.

съребро (сьребро) *n.* silver.

съребрьникъ *m.* piece of silver, penny; **съребрьникы** (silver) money.

сь-рѣсти, -рѧщѫ, -рѧщеши to meet § 65.1, § 69.1*a*, § 96.2*a*.
съставъ *m.* being, essence.
съсѫдъ *m.* vessel.
съ-творити, -творѭ, -твориши to make, produce § 33.1, § 91.
съто *n.* a hundred § 15.2, § 20.2, § 59.1.
сътьникъ *m.* centurion.
съ-тѫжати, -тѫжаѭ, -тѫжаѥши to trouble (*with acc. or dat.*).
съ-ходити, -хождѫ, -ходиши to go down, come down.
съ-хранити, -хранѭ, -храниши to guard, keep, protect.
съхраньно *adv.* safely.
сь, си, се *pron.* this § 55.2.II*a*, *j*.
сьде *adv.* here § 100.
сьребрьнъ *adj.* silver.
сынъ *m.* son § 18, § 20.1, § 38.1.III, § 42, § 46.1.
сѣдидлъна *see* **сѣдильна**.
сѣдильна *f.* Gr. *κάθισμα* (*lit.* sitting: portion of the Psalter sung in a sitting position).
сѣдъ *adj.* grey (haired).
сѣдѣти, сѣждѫ, сѣдиши to sit §§ 61.IV*b*, 70, 90, 97*d*.
сѣмѧ *n.* seed § 10.1, § 14.1, § 44.2, § 46.1.
сѣно *n.* hay, grass.
сѣнь *f.* shadow.
сѣсти, сѧдѫ, сѧдеши to sit down § 37.5, § 62.7, § 69.1*c*, § 90, § 93.I, § 97*c*.
сѣтовати, сѣтоуѭ, сѣтоуѥши to be downcast, sad.
сѣть *f.* net, snare.
сѣꙗти, сѣѭ, сѣѥши to sow § 96.1*f*, § 96.3*a*.
сѫдии *m.* judge § 34.3, § 38.1.I, § 39*d*, § 45, § 46.1, § 48.1.
сѫдити, сѫждѫ, сѫдиши to judge § 90*a*, § 93.IV, § 97*a*.
сѫдище *n.* court, place of trial § 48.2.
сѫдъ *m.* judgement § 48.2; **с. приѩти** to go to law.
сѫдьнъ *adj.* of judgement.
сѫпьрь *m.* adversary § 102.1.
сѫпьрьникъ *m.* adversary.
сѫсѣдъ *m.* neighbour § 47, § 48.6, § 102.1.
сѫчьць *m.* splinter.
Сѵриꙗ *f.* Syria.

Т

та (Prague Fr.) *is for* **тѧ**.
таинъ *adj.* secret; **въ таинѣ** in secret.
таити, таѭ, таѥши to conceal.
тако *adv.* so, thus § 99.2.
такожде *adv.* so also, in the same way § 101.
тать *m.* thief § 43.
татьба *f.* theft, stealing.
татьбина *f.* theft, stealing.
тварь *f.* creation §§ 37.5, 43, 47.
твои, твоꙗ, твоѥ *pron. adj.* thy § 55.2.II.
творити, творѭ, твориши to make, do; to act; to produce § 37.5, § 47, § 90, § 91.
твьрдь *f.* fortress, stronghold § 17*e*, § 47.

тельць *m.* calf.

Теофилъ *m.* Theophilus.

тети, тепѫ, тепеши to beat § 94*a*.

тещи, текѫ, течеши to flow, run § 60.2*a*, § 70*a*, § 94*a*, *h*.

тлѣщи, тлъкѫ, тлъчеши to knock § 62.5, § 90, § 91.

толи *adv.* § 100; **отъ толи** from that time.

толикъ *adj.* so much § 50*i*; **толико** only § 55.2.I, 5*a*.

трапеза (трепеза) *f.* table (Gr. *τράπεζα*).

третии *adj.* third; **третиѥ** for the third time.

третиици *adv.* for the third time § 59.6*a*.

троица *f.* Trinity § 48.2, § 59.6*a*.

троудити, троуждѫ, троудиши to trouble; **т. сѧ** to toil § 66, § 77.1*c*, § 93.IV.

троуждати (сѧ), троуждаѭ, троуждаѥши *see* **троудити** § 6.4.

троупиѥ *n.* dead bodies.

тръсть *f.* reed.

трьниѥ *n.* thorns.

трьновъ *adj.* of thorns.

трѣба *f.* (pagan) sacrifice.

трѣбовати, трѣбоуѭ, трѣбоуѥши (*with gen.*) to need.

тоу *adv.* there § 99.1.

тоуждь (тоузь) *see* **штоуждь**.

тоучьнъ *adj.* fat.

тъ, та, то *pron.* that (one); **то** *introduces a following clause*: so, then § 55.2.I, 2.II*b*.

тъгда *adv.* then § 100.

тъжде, тажде, тожде *pron.* the same § 55.2.I, § 101.

тъкъмо *adv.* only; except § 100.

тъштаниѥ *n.* haste, eagerness.

тъшть *adj.* empty.

тьлити, тьлѭ, тьлиши to destroy, spoil, consume.

тьлꙗ *f.* moth.

тьма *f.* darkness; myriad, very large number § 16.2, § 33.2, § 34.2, 5, § 59.I*d*.

тьмиꙗнъ *m.* incense (Gr. *θυμίαμα*) § 45.

тьмьница *f.* prison § 16.2, § 48.2.

тьмьнъ *adj.* dark § 35.10.

ты *pron.* thou § 55.1.

тысѧшта (тысѫшта) *f.* a thousand § 59.1.

тѣ *conj.* then (*introducing apodosis after* **аште**, *Zogr., Mt. vi. 23, Freis. II*) § 104.

тѣло *n.* body, stature § 44.3.

тѣснъ *adj.* narrow, strait.

тѧготьнъ *adj.* heavy.

тѫдѣ *adv.* thence § 100.

тѫжити, тѫжѫ, тѫжиши to be distressed.

Оу

оу *prep. with gen.* with, at § 102.2.

оу, оуже (юже) *adv.* already § 32.2, § 99.1, § 104; **оу не** no more.

оубииство *n.* murder § 40.2*b*.

оу-бити, -биѭ, -биѥши to kill, destroy § 92.

оубо *conj*. therefore § 104.

оубогъ *adj*. poor, wretched § 47, § 50*h*, § 51.2.

оу-боꙗти сѧ, -боѭ, -боиши to fear, become afraid § 92.

оува *int*. ah! (*exclamation of mockery or surprise*) § 105.

оу-вѣдѣти, вѣмь, -вѣси to learn § 91, § 98; **оу. сѧ** to become known.

оу-вѣщати сѧ, -вѣщаѭ, -вѣщаѥши to agree.

оу-глѫбити, -глѫблѭ, -глѫбиши to deepen § 64.1.

оу-годити, -гождѫ, -годиши to please.

оугодьнъ *adj*. pleasing.

оугождениѥ *n*. satisfaction; service.

оу-готовати, -готоваѭ, -готоваѥши to prepare.

оу-готовити, -готовлѭ, -готовиши *see* **оуготовати**.

оу-дарити, -дарѭ, -дариши to strike, smite.

оудъ *m*. limb, member § 42*b*.

оу-жасати сѧ, -жасаѭ, -жасаѥши to be afraid.

оуже *adv*. already § 32.2.

оу-зьрѣти, -зьрѭ, -зьриши to see, notice § 92.

оу-казати, -кажѫ, -кажеши to show.

оу-клонити сѧ, -клонѭ, -клониши to turn aside, away.

оу-коренити, -коренѭ, -корениши to cause to take root, implant.

оу-крыти, -крыѭ, -крыѥши to hide.

оу-мрьтвити, -мрьштвѫ, -мрьтвиши to put to death, kill.

оумъ *m*. intelligence, understanding § 65.2.

оу-мъножити, -мъножѫ, -мъножиши to increase.

оу-мьрѣти (оумрѣти), -мьрѫ, -мьреши to die § 37.5*a*, § 79.

оу-мыти, -мыѭ, -мыѥши to wash.

оумѣти, оумѣѭ, оумѣѥши to be able, know how (to) § 6.4, § 65.2.

оу-мѫдрꙗти, -мѫдрꙗѭ, -мѫдрꙗѥши to make wise.

оу-подобити, -подоблѭ, -подобиши to liken, compare; to make worthy.

оупъваниѥ *n*. confidence, hope.

оу-рѣзати, -рѣжѫ, -рѣжеши to cut off.

оу-слышати, -слышѫ, -слышиши to hear.

оуснꙗнъ *adj*. leathern.

оусрьдиѥ *n*. zeal.

оуста *n*. *pl*. mouth.

оу-страшити, -страшѫ, -страшиши to frighten; **оу. сѧ** to be frightened.

оу-сънѫти, -сънѫ, -сънеши *p*. *part*. *act*. **оусъпъ** to fall asleep § 29.5.

оу-сѣщи, -сѣкѫ, -сѣчеши to cut off.

ѹ-твръдити,-твръждѫ,-твръдиши to confirm, strengthen.

ѹтвръждениѥ *n.* reliability, certainty (Zogr., L. i. 4); foundation, citadel (Prague Fr.).

ѹтриѥ *n.* morning; **на ѹтрьѣ** (**на ѹтрия** Savv. Kn., Ostr., L. x. 35) on the morrow.

ѹтро *n.* morning § 32.2; **ѹтрѣ** tomorrow § 99.1.

ѹтрьнь *adj.* of tomorrow; **на ѹтрьни** on the morrow.

ѹтрѣи *adj.* of tomorrow; **на ѹ.** on the morrow.

ѹ-тѣшати, -тѣшаѭ, -тѣшаѥши *see* **ѹтѣшити.**

ѹ-тѣшити, -тѣшѫ, -тѣшиши to comfort.

ѹ-тѧгнѫти, -тѧгнѫ, -тѧгнеши to succeed, achieve, be worthy of (*with inf.*).

ѹхо *n.* ear § 8.1, § 44.3*a*.

ѹченикъ *m.* disciple § 48.2.

ѹченичь *adj.* of a disciple.

ѹчениѥ *n.* teaching § 38.3.

ѹчитель *m.* teacher § 41, § 48.3.

ѹчити, ѹчѫ, ѹчиши to teach § 32.1, § 48.3, § 65.1, § 93.IV, § 97*c*.

Ф

Фарисѣи (**-сеи**) *m.* Pharisee § 19, § 40*e*, § 45.

Фелицьта, Фелицита *f.* Felicity.

Х

хвала *f.* praise, thanks.

хвалити, хвалѭ, хвалиши to praise § 60.2*a*, § 93.IV, § 97*a*.

хлѣбъ *m.* bread.

ходатаи *m.* mediator § 48.3.

ходатаити, ходатаѭ, ходатаиши to intercede.

ходити, хождѫ, ходиши to go § 30.1, § 90, § 94*l*, § 97*b*.

хотѣти, хощѫ, хощеши to wish § 86, § 97*e*.

храмина *f.* house § 48.6.

храмъ *m.* house § 48.6.

хранилище *n.* store-house.

хранити, хранѭ, храниши to guard, keep, protect § 97*a*.

хризма *f.* ointment § 45.

хризмьнъ *adj.* of ointment.

христосовъ *adj.* of Christ.

Хрьсостомъ *m.* Chrysostom.

хѹдъ *adj.* wretched, miserable § 51.1*a*, *d*.

хѹлити, хѹлѭ, хѹлиши to blaspheme, rail (against).

хызина *f.* cottage, cell (= Gr. κέλλα Supr.).

хыштьникъ *m.* robber (*as adj.* Zogr., Mt. vii. 15) rapacious.

Щ

щедрота *f.* mercy.

щѹждь (**тѹждь, тѹзь, стѹждь**) *adj.* foreign, alien, of others § 55.5*b*.

Ц

цвѣтъ *m.* flower § 23.2*c*, § 37.5*b*, § 47.

цирkъвнъ *adj.* (Kiev Miss.) *see* **цръкъвьнъ**.

циръкы *f. see* **цръкы**.

цръноризьць *m. see* **чръноризьць**.

цръкъвьнъ *adj.* of the church, temple.

цръкы *f.* church, temple § 3, § 17, § 30.2*d*, § 44.1.

цѣлити, цѣлѭ, цѣлиши to heal.

цѣловати, цѣлоуѭ, цѣлоуѥши to greet, salute.

цѣсарити, цѣсарѭ, цѣсариши to reign.

цѣсарь *m.* king § 10.3, § 17*a*, § 30.2*d*, § 41, § 48.3.

цѣсарьствиѥ, цѣсарьство *n.* kingdom, realm § 40.2*b*, § 48.3.

Ч

часъ *m.* hour.

чаша *f.* cup.

чаꙗти, чаѭ, чаѥши to wait (for, *gen.*) § 3, § 96.3*a*.

четврътъкъ *m.* Thursday § 33.1, § 34.5; **великъıи ч.** Maundy Thursday.

четыре *num.* four § 44.5*d*, § 59.1.

чинити, чинѭ, чиниши to order, draw up.

чинъ *m.* order § 42*b*.

чисти, чьтѫ, чьтеши to read § 20.4, § 37.5, § 69.2*e*, § 94*f*, *k*.

чистъ *adj.* pure § 48.3, § 51.2.

чловѣколюбиѥ *n.* love of mankind.

чловѣколюбьнъ *adj.* loving mankind, philanthropic.

чловѣколюбьць *m.* lover of mankind.

чловѣкъ *m.* man § 23.2*a*, § 40.1*b*, § 48.3, § 50*f*.

чловѣчь *adj.* of man.

чловѣчьскъ *adj.* of man, human § 50*f*.

чрътa *f.* tittle; apostrophe; mark § 24.

чрьвь *m.* worm § 43.

чрьноризьць *m.* monk.

чрьнъ *adj.* black § 16.2, § 30.1, § 47.

чрѣвии *m.* shoe.

чрѣво *n.* womb § 44.3*h*.

чрѣда *f.* order, turn; **дьневьнаꙗ чрѣда** course (= Gr. ἐφημερία Zogr., L. i. 5).

чрѣсла *n.pl.* loins.

чоудити сѧ, чоуждѫ, чоудиши to wonder, marvel.

чоудьнъ *adj.* strange, wonderful.

чоути, чоуѭ, чоуѥши to feel, notice § 70*a*, § 96.1*c*.

чьстити, чьщѫ, чьстиши to honour, celebrate.

чьсть *f.* honour; celebration § 34.5, § 43.

чьстьнъ *adj.* honourable, venerable.

чьто *pron.* what § 2.II Note 7, § 30.1, § 34.2, 5, 7, § 55.3.

чѧдо *n.* child § 14.4, § 47, § 48.2.

Ш

шестъ *adj.* sixth § 59.2.
широкъ *adj.* broad, wide.
шоуи *adj.* left; **шоуıаıа** left hand.
шоуица *f.* left hand.

Ꙗ (Ѣ)

ıавити, ıавлıѫ, ıавиши to display, show; **ıа. сѧ** to appear § 17*b*, § 32.2, 6*c*, § 93.IV, § 97*a*.
ıавлıати, ıавлıаıѫ, ıавлıаıеши *see* **ıавити.**
ıавѣ *adv.* openly.
ıазва *f.* wound § 32.6*b*.
ıазъ § 55.1*g*; *see* **азъ.**
ıако *conj.* as, when, for, that § 32.6*c*; **ıакоже** *conj.* just as, even as; *adv.* (*with numerals*) about § 104.
ıасли *f. pl.* manger § 32.6*b*.
ıасти, ıамь, ıаси to eat § 6.4, § 32.6*b*, § 47, § 60.2*e*, § 61.V, § 69.2*e*, § 98*n*.
ıаще *conj.* § 32.2; *see* **аще.**

Ѥ (Є)

ѥванћелистъ *m.* evangelist.
ѥваньћелиѥ *n.* gospel, glad tidings (Gr. εὐαγγέλιον) § 45.
ѥгда (же) *conj.* if, when § 100, § 101, § 104.
ѥда *interrogative particle* surely not (= Lat. *num*) § 104; **ѥ. како** lest (Gr. μήποτε).
ѥдиночѧдъ *adj.* only-begotten.
ѥдинъ *num.* one; **ѥдини** some § 55.2.I, § 59.1*a*.
ѥдьноıѫ *adv.* once § 99.3.
ѥза *interrogative particle* (= Lat. *num*) surely not.
ѥи *affirmative particle or interjection* yes; oh § 105.
Єћюптъ *m.* Egypt § 2.II Note 1.
ѥлеи *m. see* **олѣи.**
ѥлеоньскъ *adj.*: **гора ѥлеоньска** Mount of Olives.
ѥликъ *pron.* however many § 52.2.I, § 55.5*a*; **вьсıа ѥлико** all things whatsoever . . . (Zogr., Mt. vii. 12); elicoʃe (Freis. III) however much, to the extent that.
Єлисаветь Elizabeth § 45.
елѡи (Aramaic) my God.
ѥльма *conj.* since, because; *pron.* how much, however much § 99.7, § 104.
ѥлѣ *adv.* scarcely, hardly § 99.7, § 104.
Ѥєрихо *n.* Jericho.
Єрихѫ *see* **Ѥєрихо.**
ѥроусалимлıанинъ *m.* man of Jerusalem.
ѥрѣискъ *adj.* priestly.
ѥтеръ *adj.* a certain, τις § 55.5*c*.
ѥще *adv.* still, even § 32.2, § 99.2.

Ю

юже § 32.2; *see* **оу.**
юноша *m.* young man § 38.1.I, § 39*h*.

Ѫ

ѫглъ *m.* corner.
ѫже *n.* fetter.

ѫжика *m. f.* kinsman, kinswoman § 39*h*.
ѫзъкъ *adj.* narrow § 13.1.
ѫтроба *f.* womb § 35.5, § 48.7.

Ѩ

ѩдръ *adj.* swift.
ѩза *f.* sickness § 30.3*f*.
ѩзыкъ *m.* tongue, language; ἔθνος; ѩзыци Gentiles, heathen § 35.10.
ѩзычьникъ *m.* Gentile, heathen.
ѩти, имѫ, имеши to take § 3*b*, § 69.2*c*, § 77.3, § 90, § 91, § 93.I, § 94*j*; вѣрѫ ѩ. to believe.

Ѵ

ѵпокритъ *m.* hypocrite.

GLOSSARY OF WORDS AND FORMS FOUND ONLY IN THE FREISING TEXTS

(Words not found below should be sought in the main glossary under corresponding OCS forms.)

A

amen amen (Lat. form; cf. OCS аминь *from* Gr. ἀμήν).

B

bac ? ≡ *пакъ *adv.* again, on the other hand; *see* пакы.
bbgeni *probably for* побѣждени *from* побѣдити q.v.
bozzekacho (bozcekachu) ≡ посѣщаахѫ *from* посѣтити q.v.

C

chiſto ≡ къждо or къиждо.
crilatcem *dat. pl. masc.* angel.
cruz *nom. sing.*, creztu *dat. sing.*, criste *voc. sing. masc.* Christ (cf. OHG *Krist*).

D

dokoni *adv.* to the end; cf. искони.
doſda *conj.* until; ? ≡ до же да.
doztalo *see* достоıати.

E

eccę, eche *conj.* if; cf. аще.

G

ge ≡ *ıе *for* ıестъ is.

I

iazze ≡ ıазъ q.v.

L

laurenzu ≡ *Лаврєнцю *dat. sing.* Lawrence.
lichodiani *loc. sing. from* *лиходѣıаниıе *n.* misdeeds, sins; OHG *missatâti*.
lichopiti *loc. sing. from* *лихопитиıе *n.* excessive drinking.
liſnih *loc. pl. from* лъжьнъ q.v.
lubmi ≡ *любьми willingly; cf. нѫдьми.

M

malo mogoncka *gen.–acc. sing. masc.* ~ *маломогꙑ, -жщ- sick; cf. маломощь.

metlami *instr. plur. of* *метла *f.* rod, scourge.

michael *nom. sing. masc.*, michahela *gen.–acc. sing.* Michael.

mirze ≡ мрьже *comp. of* мрьзькъ q.v.

modliti *see* молити.

moku *see* мѫка.

mrzna ≡ *мрьзьна *from* *мрьзьнъ cold.

N

ne ≡ *нѥ *for* нѥстъ is not.

nezramen ≡ *несрамьнъ without shame, without blemish; cf. OHG *unscamanti.*

neztiden ≡ *нестꙑдьнъ unashamed.

nizce *see* ничьже.

nikiſe *no doubt for* никꙑимьже.

O

otpuztic (odpuztic) ≡ *отъпоустькъ *m.* forgiveness, remission.

P

pocazen *acc. sing. fem.* penance (?); cf. показнь.

poglagolani *loc. sing. neut.* calumny (OHG *bisprâhha*).

poſtenih *see* почисти.

preiſe ≡ *прѣжди же and our forebears *or* *прѣждьже *conj.* before.

prinizſe ≡ *приньзъше *from* *принисти to put down.

ptiuuo ≡ противѫ q.v.

R

raztrgachu ≡ *растрьгаахѫ *from* *растрьгати; *see* растрьгнѫти.

rote *loc. sing. fem.*, roti *nom. pl. fem.* oath; cf. ротити сѧ.

S

s̄ce, s̄co Lat. *sanctae, sancto*, &c.

si (*in* li bo li si) *indefinite particle*, cf. Sln *bodisi*, Cz *bud'si* whether.

T

tamoge *adv.* to that same place; ≡ тамождe.

tazie ≡ *тациждe *nom. pl. masc.*

tere ≡ тѣ же qq.v.

tîge ≡ тиждe.

tnachu ≡ *тьнѣахѫ *from* *тѧти, *тьнѫ, *тьнеши to cut, hew.

toie ≡ тождe q.v.

ton *perhaps for* тъ нꙑ.

U (V)

ubegati ≡ *оубѣгати to run away.

uchrani *2nd pers. imp. sing. of* *оухранити to protect.

uclepenih *loc. plur. of p. part. pass. of* *оуклепати to cast (into fetters).

ugongenige *see* оугожденнѥ.

vuernicom *dat. pl. masc.* confessor.

vueſachu ≡ *вѣшаахѫ *from* вѣшати to hang.

vuirchnemo *dat. sing. masc. from adj.* *врьхънь supreme, highest.

vvoſich *see* ѫже.

v́uuraken *p. part. pass.* to turn, send; cf. вратити.

uuzmaztue *loc. sing. neut. see* uzmazi.

vzedli *see* въселити.

uzemogoki *acc. sing.*, -kemu *dat. sing. from* *вьсемогꙑ *pres. part. act.* almighty; cf. вьсемогъ.

uzmazi *loc. sing. fem.* blasphemy (?); fornication (?) (-vę III).

X

xpen ≡ крьщенъ *from* крьстити q.v.

Z

zadeneſ *2nd pers. sing. pres.* to impose; cf. задѣти.

zaglagolo ≡ *заглаголѭ *from* *заглаголати to forswear; cf. OHG *forsahhan* or *intsagôn*.

zil ≡ сълъ *or* силъ.

ziniſtue *loc. sing. neut.* lewdness.

zinzi *nom. pl. masc. from* *сынькъ son.

zlouuez *error for* zlouueza = словеса.

zpitnih *loc. pl. from* *спытьнъ vain, false; cf. спыти.

ztoriti *see* сътворити.